Gustav Sommer

Beschreibende Darstellung der älteren Bau- und Kunstdenkmäler

der Provinz Sachsen und angrenzender Gebeite.

Gustav Sommer

Beschreibende Darstellung der älteren Bau- und Kunstdenkmäler
der Provinz Sachsen und angrenzender Gebeite

ISBN/EAN: 9783743490123

Hergestellt in Europa, USA, Kanada, Australien, Japan

Cover: Foto ©Thomas Meinert / pixelio.de

Manufactured and distributed by brebook publishing software
(www.brebook.com)

Gustav Sommer

Beschreibende Darstellung der älteren Bau- und Kunstdenkmäler

Beschreibende Darstellung

der älteren

Bau- und Kunstdenkmäler

der

Provinz Sachsen

und angrenzender Gebiete.

Herausgegeben

von der

Historischen Commission der Provinz Sachsen.

Halle a. d. S.

Druck und Verlag von Otto Hendel.

1879.

Beschreibende Darstellung
der älteren
Bau- und Kunstdenkmäler
des Kreises Langensalza.

Unter Mitwirkung
von
Dr. th. Heinrich Otte, Past. em.,

bearbeitet
von
Gustav Sommer,
Königl. Bauinspector a. D.

Herausgegeben von der Historischen Commission der Provinz Sachsen.

Das Rathhaus zu Langensalza.

Halle a. d. S.

Druck und Verlag von Otto Hendel.

1879.

Inhalt.

Einleitung.

einem ganzen Umfange nach gehört der Kreis Langensalza zum Lande Thüringen. Es ist nicht bekannt, welches Volk vor den Thüringern (oder „Thüringen", wie man jetzt theilweise zu schreiben beliebt), die zuerst Hermunduren oder Hermionen genannt wurden, inmitten von Deutschland ansässig war; von Vielen werden die Kelten als ihre Vorfahren erachtet. Das Dunkel in der Geschichte ist hier undurchdringlich. Nachdem die Hermunduren nach ihrer ersten Anführung ein Paar Jahrhunderte lang gar nicht wieder genannt werden, tauchen sie Anfangs des fünften Jahrhunderts mit ihrem neuen Namen, als „Nachkommen der Duren", daher als Duringe (T h u r i n g e, T o r i n g e, D o r i n g e) wieder auf, was durch die Endung — ing richtig dargestellt wird. Sie werden stets als vorzüglich kriegstüchtige Leute bezeichnet, die man bei kriegerischen Unternehmungen gern anwarb, wobei sie, wie es damals Sitte war, mit Weib und Kind häufig längere Zeit ausser Landes blieben. Ihre frühzeitigen öfteren Anwerbungen nach aussen mussten daher zu Verschmelzungen führen mit Niedersachsen, Cheruskern im Norden, mit Chatten im Westen, mit Franken und Alemannen im Süden, aber auch gleichzeitig Veranlassung geben zum leichteren Nachrücken der Sorben-Wenden in die verlassenen Gegenden, in denen vielleicht nur alte und schwache Leute zurück geblieben waren.

Während die Thüringe (Thüringer) sich in ihrer Sprache für die Einflüsse der niedersächsischen und chattischen Sprache sehr empfänglich zeigten, hielten sie sich der fränkischen ferner. Immer aber behauptete das thüringische Idiom sich so fest, dass es, zumal durch Luthers Bibelübersetzung, zur hochdeutschen Schriftsprache wurde und somit der früher allgemeiner gewesenen niederdeutschen Sprache den Rang ablief. Der eigentliche thüringische Dialekt wartet indessen noch der Klarlegung, wenn auch hier und da verschiedene Versuche dazu gemacht worden sind, und einige Gedichte und Erzählungen in dieser Mundart existiren. *)

---

*) Die Langensalza'er Mundart hat manches, wodurch sie sich von der in den benachbarten thüringischen Städten herrschenden merklich unterscheidet. Hierauf bezieht sich der alte Spottvers:

In Langensalza
Kenn'n se gepfef un geinans,
Un uf der Lüten greqäll.

Vergl. die Beiträge eines ungenannten Verfassers zu einem Langensalza'er Idiotikon, im Langensalza'er Wochenbl. von 1790, Stück 12 vom 22. u. 23. März (im Archiv des dortigen Magistrats). — Hierbei mag erwähnt werden, dass die Städte Langensalza und Mühlhausen sich fortwährend

Nach Wersebe gehörte das Territorium, welches jetzt den Langensalza'er Kreis ausmacht, theils zum Gau Südthüringen, theils zum Altgau, welche beide durch den Unstrutfluss getrennt wurden. Freilich leidet die Gaugeographie noch an grosser Unsicherheit, und etwas Bestimmtes kann kaum darüber ausgesprochen werden. Auch hier tritt die Schwierigkeit ein, dass sonst gewöhnlich die Höhenzüge, und nicht die Flüsse, die Grenzen der Gaue bilden, welche letzteren mit den Thälern übereinzustimmen pflegen.

Für eine culturgeschichtliche Erforschung der ältesten Landesbewohner dürften die künstlichen Erdhügel, die sogen. Högks,[*]) ein nicht zu unterschätzendes Material darbieten, und verdienen, wo sie sich noch unversehrt erhalten haben, eine sachkundige gründliche Untersuchung. Sie gelten als heidnische Opferstätten, finden sich in dem ganzen Lande vom Hörselberge und Haynich im Südwesten bis zur goldenen Aue und bis in die Gegend von Halle fast in jeder Flur, meist unweit der Grenze, und scheinen in einer gewissen Verbindung mit einander gestanden zu haben, obwohl sie freilich sehr verschiedenen Zeitperioden ihre Entstehung zu verdanken haben mögen.

Als ein der heidnischen Vorzeit entstammender Volksgebrauch sind die Johannisfeuer anzuführen, worüber die Chronik von Langensalza (Göschel 2, 146) bemerkt: „Zu Johannis 1539 wurde zum letztenmale nach katholischer Art ein sogenanntes Johannisfeuer gehalten, jedoch unter starker Wache, weil man Excesse befürchtete." Die mittelalterliche Kirche hatte den ursprünglich heidnischen Cultusact auf den Täufer Johannes zu beziehen gewusst und mit christlichen Formen umkleidet, in ähnlicher Weise wie die „Auszüge," welche in Langensalza und in den Dörfern Grossengottern und Schönstedt noch gegenwärtig am Trinitatis-Sonntage stattzufinden pflegen. Von dem „Auszuge der Fuhrleute" in Langensalza hat der verst. Gymnasiallehrer Witzschel in Eisenach in der Leipz. Illustr. Ztg. 1861 No. 934 S. 355 den Zusammenhang mit der heidnischen Frühlingsfeier nachzuweisen gesucht, und in den genannten Dörfern hat der „Auszug" die Bitte um Schutz der Feldfrüchte zum ausgesprochenen Zweck, in christlicher Umdeutung der aus heidnischer Zeit stammenden Sitte.

Das Christenthum wurde in hiesiger Gegend durch den h. Bonifacius, den Apostel der Thüringe, um das J. 736 vor seiner dritten römischen Reise gepflanzt, und die Tradition nennt das Dorf Salza (jetzt Stadt Langensalza) nebst Thamsbrück unter den von ihm gegründeten mehr als 30 Dorfkirchen, die von den Heiden wieder zerstört worden waren, und deren Wiedererbauung er 752 seinem

---

mit Spottnamen gegenseitig aufzogen, indem die Mühlhäuser die Langensalza'er „Schwalbenfresser" nannten, die Langensalza'er aber die Mühlhäuser „Plöcke". Während die Veranlassung zu dem ersten Namen nicht zu ermitteln ist, soll sich letzterer auf eine Fehde zwischen beiden Orten beziehen, in der die Mühlhäuser bei ihrer Aufstellung als kampfbereite Truppen Holzstöcke reihenweise in die Erde gesteckt und als Soldaten angemalt haben sollen, um dadurch den Langensalza'ern möglichst zu imponiren.

[*]) Der Name „Högk" kommt im Volksmunde in den mannichfachsten Wortcompositionen vor, wie z. B. der rothe Högk, der Wyen-, Grefen-, Hachil-, Wang-, Liese-, Sems-, Wach-, Brauns-, Willmanns-, Varila-, Born-, Rangen-, Jöden-, Lögenhögk u. s. w. — Vergl. die Ortschaften Henningsleben, Laucsheiligen, Nennheiligen, Sundhausen.

Schüler und Nachfolger Lullus empfahl. So gehörte Langensalza in kirchlicher Hinsicht seit dem 8. Jahrh. zur Diöcese Mainz. — Die weltlichen Landesherren waren von 1039 bis 1247 (vom ersten Auftreten Ludwig's mit dem Barte bis zum Tode Heinrich Raspe's) die Landgrafen von Thüringen und nach deren Aussterben die Markgrafen von Meissen. Unter ihnen wurde das Land in Aemter getheilt, deren Thamsbrück mit Langensalza und Tennstedt eins war. — Eine spätere Theilung der sächsischen Länder im Jahre 1656 brachte die hiesige Gegend zur Linie Sachsen-Weissenfels, jedoch fiel 1746, wo diese trotz reichen Kindersegens ausstarb, deren Länderbereich an das Kurhaus Sachsen zurück und wurde 1815 preussisch.

Der Kreis Langensalza enthält drei Städte: Die Kreisstadt Langensalza mit jetzt 10000 Einwohnern, die kleineren Städte Tennstedt und Thamsbrück; ausserdem 38 Kirchdörfer, von denen einige, wie Altengottern, Cammerforst, Grossengottern, Gross-Vargula, Kirchheilingen, Schönstedt und Ufhoven über 1000 Einwohner zählen und mehrere, Altengottern, Grossengottern, Nägelstedt, Schönstedt, je zwei Kirchen haben.

Die Bauart dieser grösstentheils ausgedehnten Dörfer ist echt thüringisch nach Gassen, Gehöft an Gehöft: Kirche, Pfarre und Schule sind meist hoch gelegen und daher ziemlich geschützt gegen Feuersgefahr; die Friedhöfe sind in der Regel mit Mauern umgeben, die, da der in hiesigem Kreise gefundene, im stehenden Wasser abgesetzte Kalktuff vortreffliche Platten von geringerer und grösserer Stärke liefert, beziehungsweise aus Platten, welche in Falzsteine eingeschoben sind, bestehen.

Das Gemeindewesen als solches ist bei den „Thüringen" nach mehrfachen Richtungen hin ausgeprägt, daher finden sich in den Dörfern ausser Gemeindeschenken und allgemeinen Backhäusern Gemeindeheerden von Rindern, Ziegen, Schafen und Gänsen, mit besonders für sie ausgewiesenen Triftwegen, Weideplätzen und Hordenschlägen, endlich auch ein sogenannter „Anger", ein Dorfplatz für öffentliche Besprechungen, Lustbarkeiten an Sonn- und Festtagen, für Stelldichein's, Gesang und Spiel, — ein trefflicher Ort zur Forterbung mancher alterthümlichen Gebräuche und Formen. Selbst in Städten oder in deren nächster Umgebung findet sich ein „Anger" vor, mit einer Steineinfassung zur besonderen Auszeichnung.

Ebenso war, vor der jetzt allgemein in Angriff genommenen Gemeinheitstheilung, jede der Feldfluren in zahllose Wandeläcker zerlegt, die sich oft bei einer geringen Breite von zwei Metern sehr lang (500 bis 1000ᵐ) und in Krümmungen über Höhen und Tiefen hinzogen, da mit Zugangswegen gekargt war. Diese Ackerflächen waren nur nach der Breite vermessen; die Längenausdehnung, also auch der Flächeninhalt, war ziemlich verschieden, und man hatte den Ausdruck: „Die Stücke breiten für sich", d. h. ohne Bezug auf andere naheliegende.

Die Einheit für die Breite war die Gerte oder Ruthe, daher nannte man noch bis in die 40er Jahre dieses Jahrhunderts herab:

die eingertigen: Striechel,
die zweigertigen: Sottel,
die dreigertigen (welche wenig vorkamen): 1 ½ Sottel,
die viergertigen: Gelenge.

Noch breitere Stücke hiessen „Gebreiten", was wir jetzt nach Ausführung der Separationen mit „Plänen" bezeichnen würden. Der Flächen-Inhalt ging nach „Ackern", nicht nach Morgen. Eine Sottel (lat. satile) konnte daher je nach ihrer Länge 1, 2, auch 3 Acker halten.

Spitzwinklige Einschiebsel oder Ueberbleibsel, sogenannte Kuchenspitzen, hiessen technisch Gehren, und die an der Hirnseite einer grösseren Anzahl von Ackerstücken, also quer anstossenden Flächen, Anwendel, weil man beim Pflügen der anstossenden Ackerstücke auf denselben umwendete. Da hiermit eine Belästigung der Besitzer und eine Beeinträchtigung des Ertrags verbunden war, so bestand dafür eine Entschädigung in der Breite der Stücke, in der Regel von einer Gerte.

Um sich in der grossen Zahl der neben einander liegenden Ackerstücke leichter zurecht zu finden, bediente man sich, wie in ganz Thüringen überhaupt eingepflügter oder eingehackter Zeichen, Marken, die eine ähnliche Bedeutung hatten wie die Hausmarken und Steinmetzzeichen, indessen der Natur der Sache nach viel einfacher sein mussten, z. B. folgende

Fig. 1.

Nach den Zusammenlegungen, wodurch die Planlage einer Flur übersichtlicher und wirthschaftlicher wurde, verloren diese Zeichen ihren sonst so practischen Zweck und finden sich nach den Separationen, die überhaupt geschworene Feinde alles Alterthümlichen sind, jetzt nur noch vereinzelt.

Im Kreise Langensalza kommen nur deutsche Ortsnamen vor, was an den echt thüringischen Endungen derselben leicht zu erkennen ist. — Unter den 38 Dörfern und 3 Städten sind vertreten die Endungen: — stedt 9 mal, — leben 5 mal, — heilingen, — bach, — sömmern, je 4 mal, — hausen 3 mal; ausserdem finden sich — brück, — burg, — forst, — heim, — ingen, — hofen, — rode, u. s. w. Die vielen Ortschaften mit der Endung — heilingen (deren im Mittelalter 9 vorhanden gewesen sein sollen), liegen zusammen und bilden eine hoch gelegene Gruppe; diese Endung bezeichnet daher wahrscheinlich die hohe Lage (vgl. die Halligen in Niedersachsen, auch Helgoland). Die öfter vorkommende Endung — sömnern bezeichnet (wie vielleicht auch Zimmern) wohl weniger urbarmachen, schwenden, ausnutzen zur Sommerzeit, als die grösstentheils ursprünglich sumpfige Lage. (Vgl. die Erläuterung bei Sömmerda, Kreis Weissensee.)

Bemerkenswerthe, besonders benannte Berge finden sich hier nicht, da die Ausdehnung der Höhenzüge mehr in gestreckte Länge geht und keine Kuppen bildet. Der „Horn" wird (nach Förstemann u. A.), wie auch die Oertlichkeit dies zeigt, seinen Namen von hochgelegenen Sümpfen haben (horowin = sumpfig,

horo (ahd.) der Sumpf). Die Namen Haynich *) und die Haardt, als westliche Höhen-
begrenzung des Kreises, beziehen sich wohl mehr auf den darauf stehenden Wald,
als auf die sonst allerdings nicht unbedeutende Höhe. — In vielen Fluren
und Weichbilden begegnet der Name „Bühl"**) meist für einen flachen, mit
Bäumen bestandenen Bergrücken, oft mit einer näheren Bezeichnung „der
Lindenbühl".

Der Hauptfluss des Kreises, in welchen alle andern Bäche einmünden, ist die
Unstrut, alt Onestrudis, welche oberhalb Dingelstedt entspringt, und nach Aufnahme wasserreicher Nebenbäche als ein oft gefährlicher Fluss bei Klein-Vargula
den Kreis verlässt. Es scheint, als ob er einst in den oberen Strecken als „Bach"
nur den Namen one führte (wie ein gleichnamiger, nicht unbedeutender Bach
Ohne bei Orschla im Kreise Worbis, auf der nördlichen Seite des Düngebirges)
und erst bei Mühlhausen den Namen Unstrut (struth = Wald) „Waldbach" angenommen hätte.

In die Unstrut mündet innerhalb des Kreises: auf der linken Seite nur der
gefäll- und wasserreiche, mit vielen Mühlen besetzte Welsbach; der Farnebach, der
Seltenrein und der Bruchbach vereinigen sich bei Tennstedt zum Schambach, um
erst ausserhalb des Kreises in die Unstrut zu gehen. Auf der rechten Seite nimmt
die Unstrut den Seebach, den Sud-, den Orl-, den Rahmbach, die Salza
und den tonnaischen Bach auf, die sämmtlich aus Kalksteinbänken kommen, wie
die Unstrut selbst.

Die teichartig in einem Kalksteinkessel mächtig aufwallenden Quellen der
Salza (1 Kilometer oberhalb Ufhoven) heissen im Munde des Volkes die „gulken"
(mhd. kolk, colk, tiefe Pfütze, Sumpf). Das Wasser dieses Baches und anderer
Bäche bei Langensalza und Tennstedt hat einen so starken Gehalt an doppelt koh-
lensaurem Kalk, dass es, wo es zur Ruhe kommt, alles, was damit in Berührung
tritt (Zweige, Schilf, Blätter, Stroh etc.), inkrustirt, und in vorgeschichtlicher Zeit
grosse Lager Kalktuff von verschiedener Mächtigkeit und Festigkeit abgesetzt hat,
ein der Ewigkeit trotzendes, vorzügliches Baumaterial für die ganze Umgegend. —
Ohne Zweifel trägt die Salza von dieser inkrustirenden Eigenschaft ihren Namen,
keineswegs aber von einem (nicht vorhandenen) Kochsalzgehalte ihres Wassers. Sie
ist so wasserreich, dass sie, in drei Arme zertheilt, auf ihrem kurzen Laufe (von
5 Km.) 23 Mühlen treibt, die bereits im Mittelalter in dieser Zahl vorhanden waren.

In verschiedenen Fluren zu viermal vertreten, ist für einen kleinen rieselnden
Bach der Name „die Klinge", „der Klingengraben" (mhd. die klinge, ahd. chlingā,
clinca, klinkā, auch der chlinge, klinge = schmaler Bach, von klingen, rieseln im
schmalen Gerinne) identisch mit dem wendischen czil.

In den Neuen Mittheilungen des Thüringisch-Sächsischen Alterthums-Vereins,
Band II. S. 262***) ist ein Verzeichniss von „Wüstungen" gegeben, welches wohl

---

*) Der „Haynich" bildet eine 30 bis 37 Klm. lange Verbindung der unter sich ziemlich pa-
rallel streichenden Gebirge Harz und Thüringer Wald und ist die Wasserscheide zwischen dem
Gebiete der Elbe und der Weser; er baut sich auf Muschelkalk auf, welchem die vielen, indess
erst meist weit von seinem Rücken zu Tage tretenden Quellen ihren Kalkgehalt verdanken.

**) Bühl ist ein sehr altes deutsches Wort, dunklen Ursprungs (mhd. der bühel, ahd. der
puhil, buhil, mit Ausstossung des h. puol, buol).

***) Da diese Zeitschrift hier öfter angeführt wird, so wird dieselbe abgekürzt „N. M. Bd... S..." citirt.

stellenweise einer Berichtigung bedarf, da hier mitunter Orte als Wüstungen bezeichnet worden sind, welche, obgleich anders geschrieben, mit noch vorhandenen identisch sind.

In der jetzigen Flur von Seebach liegen die Wüstungen: Nieder- oder Wenigen-Seebach, Töngishausen, Bütthausen, Lippershausen, Nieder-Heroldshausen, Normbach. (Lingula ist Langula, Sebeda ist Seebach.)

In der Heilinger Gegend gab es ausser den vier jetzt noch vorhandenen Heilingens-Dörfern: ein Appenheilingen (Abt-Heilingen), Ottenheilingen, Wolfsheilingen, Wündschenheilingen (? Wendisch-Heilingen).

Bei Tennstedt lag noch Ende des 16. Jahrhunderts Wenigen-Tennstedt.

Bechstedt lag zwischen Flarchheim, Oppershausen und Cammerforst.

Riedhausen lag zwischen Schönstedt und Langensalza.

Das Dorf Reifenheim lag zwischen Langensalza und Burgtonna, an der damaligen Strasse nach Gräfentonna, und wurde nebst Oestertonna im Bruderkriege 1450 zerstört. Der Platz, wo die Kirche und der Anger lagen, ist noch deutlich zu sehen. Die Langensalza'er Flur enthielt noch vor der Separation einen „Reifenheimer" Weg, und an demselben stand die „Reifenheimer Warte", welche von Stadtknechten („vigilatores" und „speculatores") besetzt war.

Kreis Langensalza.

(Alten-) Gottern.

Kirchdorf, 8 Km. nordwestlich von Langensalza, Ober- und Unterdorf von über 1 Kilometer Länge. Ueber den Ursprung des Namens „Gottern", welcher in der Form Gotha, Gotwich, Goddula (b. Merseburg), Göddern (Wüstung b. Merseburg) u. A. m. auftritt, gehen die Meinungen sehr auseinander. Das Wahrscheinlichere mag auf cocd (keltisch) = Wald, oder auf gnoth (kelt.) = See zurückzuführen sein. Letzteres hätte hier wegen der Lage des Ortes in einer Niederung, die in vorhistorischer Zeit unzweifelhaft ein Binnensee gewesen sein muss (s. Langensalza) sehr viel für sich. — Das Rittergut und Dorf ist sehr alt und kommt urkundlich als Aldengutercu schon 997 vor; eine (Unstrut-) Mühle zu Guttern wird 1250 erwähnt.

Oberdorf. — Von der dicht am Rittergute des Herrn von Marschall am äussersten Ende des Dorfes stehenden Kirche S. Trinitatis, die innerhalb sehr verbant und über alle Massen dunkel ist, ist nichts Bemerkenswerthes anzuführen.

Auf dem Thurm hängen 3 Glocken von 1,12, 0,85, 0,75 Durchmesser, jede mit dem v. Marschall'schen Wappen (2 Schafscheeren). Die grosse, von Johann Heinrich Brauhoff in Nordhausen 1746 gegossene Glocke zeigt den Spruch:

„So oft euch wer, ja auch mein Schall,
wird zu der wahren Buße locken,
so seyd bereit, nicht vor dem ball
die trägen herzen zu verstocken.

Die mittlere mit der oberen Umschrift: ANDREAS KAESTLER fudit me, zeigt folgendes Distichon sammt dem Namen des muthmasslichen Dichters:

„ad triados aedem voco. clerum congrego terram ad sonitum verbi voce sonante cio M. Joh. Ernest. Magen H. T. Pastor ad S. S. Trinit. 1706.

Die kleinere Glocke enthält die Nachricht:

„Sigismundus Sebastianus bippius P. C. Pastor, aetat. 85. Ministery 7s anfang. durch Gottes blitse goß mich bans heinrich Rausch von Erffordt. Anno 1070.

Das schlossähnliche Gebäude des Ritterguts, dicht neben der Kirche, rührt aus der Neuzeit her, steht aber auf alten Fundamenten des aus dem frühesten Mittelalter stammenden Herrensitzes der von Guttern.

Unterdorf. — Die Kirche am anderen Ende des Dorfes bietet ebenso wenig Interesse als die des Oberdorfs. Die 3 Glocken haben 1,08, 0,86, 0,74 Meter Durchmesser, und ist die grosse 1797 von Joh. Lorenz Koch in Mühlhausen, die zweite 1867 von C. Fr. Ulrich in Apolda, die dritte 1739 von Johann Heinr. Brauhoff in „Northausen" gegossen. Auch hier findet sich das von Marschall'sche Wappen.

Alterstedt.

Kirchdorf, 7 Km. westlich von Langensalza, erscheint urkundlich 1186 in der Namensform Alstedi, und da Aller = Erle ist, so kann Allerstedt so viel wie Erlenstedt heissen, wie ja in zusammengesetzten Namen das erste Wort stets eine Eigenschaft des zweiten zu bezeichnen pflegt.

Die dem S. Pancratius geweiht gewesene Kirche bewahrt noch eine Figur dieses Heiligen mit Schwert, Schild und Dolch.

Auf dem Thurm befinden sich 3 Glocken von 1,18, 0,95, 0,62 Meter Durchmesser, davon hat die grosse in Minuskeln die obere Umschrift:

anna þeis ich lori lcrßen gos mich ano dm. m ccccc m

und an einer Seite des Mantels eine Kreuzigung

Die mittlere Glocke hat ebenfalls eine Minuskelschrift:

anno đ° m° cccc° lxxx||° fabebat * corabus * kerlien * anna fam oscala * lucas * marcus * matļc⁹ * iļcs *

und ebenfalls eine Kreuzigung. Die Trennungssterne der Inschrift sind mit Ausnahme von 2 achteckigen sämmtlich sechsspitzig.

Die kleine Glocke ist von J. P. Braun in Mühlhausen 1801 gegossen.

Blankenburg.

Kirchdorf, 13 Km. nordöstlich von Langensalza, schon früh genannt. Die Kirche ist modern, hat aber einen älteren, mit Spitzbögen versehenen Thurm.

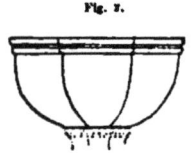
Fig. 7.

Die 2 Glocken haben 0,85 und 0,71 Meter Durchmesser, die grössere von Hieronymus und Melchior Möhringk in Erfurt 1650, die kleinere 1812 von Joh. Lorenz Koch in Mühlhausen gegossen.

Die obere Schale eines grossen, frühgothischen, im Grundriss achteckigen Taufsteines befindet sich ausserhalb der Kirche.

Auf dem Kirchenboden ist noch eine aus Holz geschnitzte sog. „Pietas" vorhanden.

Bothenheilingen.

Kirchdorf, 9 Km. nördlich von Langensalza, mit uninteressanter Kirche aus dem vorigen Jahrhundert.

Die 3 Glocken haben 1,15, 0,88, 0,75 ™ Durchmesser, und sind die beiden kleineren i. J. 1856 durch die Gebrüder Ulrich in Apolda und Laucha, und die grösste durch Joh. Lorenz Koch in Mühlhausen 1767 gegossen.

Bruchstedt.

Kirchdorf, 13 Km. nordöstlich von Langensalza, mit neuer, erst in den 30er Jahren dieses Jahrhunderts nach einem Plane des Geh. Ober-Baurath Soller geschmackvoll erbauten Fachwerkskirche nebst beibehaltenem älteren Thurm.

Im Altarraum der Kirche findet sich noch die Mitteltafel eines Altarschreins von etwa 1,50ᵐ ins Quadrat, ein Hochrelief in Holz, welches in seiner Bedeutung nicht recht klar ist. Im Mittelgrunde sitzt eine mit einem Kopftuche verhüllte ältere Frau, die das Christkind auf dem Schoosse hält, also wohl S. Anna, und neben ihr eine Jungfrau mit aufgelöstem Haar, also Maria, beide umgeben von vielen stehenden oder sitzenden Männern und Frauen mit Kindern verschiedenen Alters (in mittelalterlichen Trachten).

Auf dem Thurme sind 3 Glocken von je 0,92, 0,74, 0,59ᵐ Durchmesser. Die grosse ist 1835 von J. Heinr. Ulrich in Laucha, die zweite von Joh. Georg und Joh. Gottfr. Ulrich in Apolda a° M . DCC . LXXIV gegossen; die dritte ist sehr lang gestreckt und oben von geringem Durchmesser. Sehr matt hervortretend und im dunklen Raume des Thurmes um so schwieriger zu erkennen, stehen darauf, gleichmässig um die Glocke vertheilt, 6 reich verzierte Buchstaben, die anscheinend, wenn der zweite, jedesfalls verkehrt stehende Buchstabe umgewendet wird, i(n) h(onorem) Anna zu lesen sind. Vier der am besten zu erkennenden dieser Buchstaben, sind wegen ihrer Verzierungen in (Fig. 3) dargestellt.

Fig. 3.

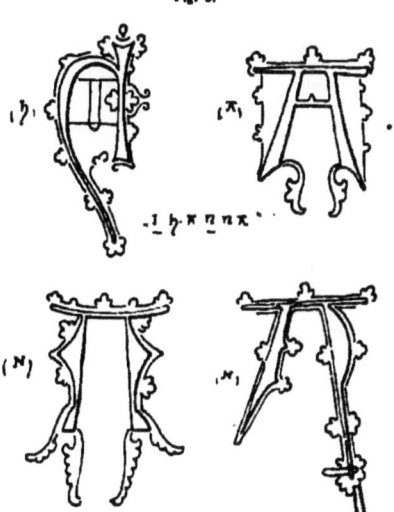

Die Pfarrkirche zu Bruchstedt gehörte zu dem früheren Kloster Naundorf, von welchem seit der Separation keine Spur mehr übrig ist. Das alte und sehr kostbare Altargeräth ist bei einem Brande des Orts zu Grunde gegangen.

Cammerforst,

(seltner Kammerforst geschrieben), Kirchdorf, 16 Km. westlich von Langensalza, mit einer in verschiedenen Jahrhunderten ausgeführten Kirche.

Am Thurm steht auf einem Stein folgende Inschrift in Minuskeln, mit zwei Majuskelinitialen:

     Ꞁuꞁꞁ ꞁ ꝺꝳ ꞁ ꟶ ꞁ ꞇꞇ
     ꞇꞇꞇꞅꞵ° ꞁ ꝺꞵ ꞁꞵꞁꞵꞇꞇꝺ ꞁ ꝺꞇ
     ꞵꞇꞇꞁꝺ ꞁ ꞵ ꞁ ꞵꞁꝺꞇꞇꞇ ꞁ ꝑꞵꞁꞇ
     ꝺꞁꞇ ꞁ ꝺꞵꞁꞵ ꞁ ꞇꞇꞇꞇ ꞇꞇ ꞇꞇꞁꞵ*)
     ꞅꞇꞇꞁꞵ ꞁ ꝑꞵꞁꝺꞇ ꞁ ꞇ ꞁ ꞇꞇꞇꝑꞇ⁹

Die Minuskel ꞇ ist von eigenthümlicher Form (Fig. 4). Ueber der Inschrift befindet sich unter einer Verdachung eine kleine Heiligen-Nische, und daneben ein Grabstein von Sandstein, der einen Ritter mit unbestimmbarem Wappen im Styl des 17. Jahrh. darstellt.

Das Schiff der Kirche hat eine spätmittelalterliche Spitzbogenthür, deren Gewände-Profil (Fig. 4) sich oben zweimal überkreuzt und mit einem Steinmetzzeichen versehen ist,

Fig. 4.

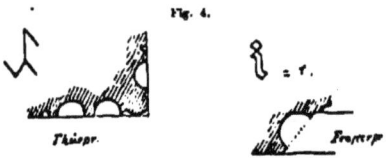

darüber befindet sich ein jedenfalls viel später eingemauerter Sandstein,

> M. BAST.
> ANSIPPEL
> 1687.

der sich auf eine vorgenommene Reparatur der Kirche beziehen wird, die von Bastian Sippel und Christoph Thrän ausgeführt wurde. — Die mit einfachem Maasswerk versehenen Spitzbogenfenster des Altarraumes zeigen das einfache Profil Fig. 4.

Auf dem Thurme hängen 3 Glocken von 1,28, 0,96, 0,78 ᵐ Durchmesser. Die grosse ist von Joh. Lor. Koch in Mühlhausen 1798, die beiden andern sind 1741 von J. Gg. Ulrich in „Laucha an der Unstrut" gegossen. An der kleinen sind das von Seebach'sche und das von Eschwego'sche Wappen angebracht.

Clettstedt

(wohl richtiger, wenn auch selten, Klettstedt geschrieben), Kirchdorf, 8 Km. nordöstlich von Langensalza. Die Kirche ist, wie eine Inschrift am Thurmeingange besagt, im Jahre 1574 reparirt worden.

Auf dem Thurme befinden sich 3 Glocken von 1,00, 0,84, 0,69 Meter Durchmesser. Die grosse Glocke mit der Umschrift Gloria in excelfis ist von den Gebrü-

---

*) quarta? denn rela(ta) würde keinen Sinn geben.

dern Ulrich in Laucha 1797 umgegossen. Die zweite enthält eine zweizeilige Majuskelschrift, deren zweite Zeile eine zweifelhafte Jahreszahl vorführt.

☩ ⱮⱭRⱯVS / LVⱭⱧS / ⱮⱧ℥KⱭVS / IOⱧⱧRRⱯS /
BⱧRⱧDIⱭⱧR℥ / ROS

☩ ⱧRO DRI · ṁ · ȧȧȧ · RORⱧ · ȧ · IÌI · FVSⱧ · SVⱮ
· SÌ · IⱧⱭOBI · ⱧPOS℥OLI

RORⱧ · ȅ · IÌI ist wahrscheinlich **nonageſimo tertio** zu lesen, so dass die Glocke von 1393 wäre. Diese, die Weglassung eines G zwischen Ⱨ und Є voraussetzende Annahme könnte nur gegen sich haben, dass wenigstens in Deutschland auf Glocken aus den letzten Decennien des 14. Jahrhunderts wohl bereits meist nur Minuskelinschriften vorzukommen pflegen.

Die dritte Glocke ist 1775 von J. Christian Ulrich in Appolda (so!) in Clettstedt gegossen.

Flarchheim

(urkundlich Fladichheim), Kirchdorf, 12 Km. westlich von Langensalza. Ueber die Kirche S. Andreae ist nichts von archäologischem Interesse zu bemerken. Der Thurm derselben brannte 1802 ab und ist nicht wieder gebaut worden.

Die 3 Glocken haben bezw. 1,01, 0,81, 0,70 ᵐ Durchmesser und sind sämmtlich von Ernst Christoph Rumpel in Mühlhausen gegossen.

In der Flur dieses Dorfes hat i. J. 1080 ein heftiger Kampf zwischen Heinrich IV. und seinem Gegenkönig Rudolf von Schwaben stattgefunden, der indess keinen entschiedenen Erfolg hatte.

Freienbessingen.

Kirchdorf, 17 Km. nordöstlich von Langensalza. Der jetzige Zustand der Kirche stammt aus dem vorigen Jahrhundert, der Thurm hat erst vor 20 bis 30 Jahren einen neuen Aufsatz bekommen.

Fig. 6.

In der Kirche befindet sich ein reich ornamentirter sechseckiger Taufstein mit tiefer Aushöhlung aus der Zeit von 1560—1600.

Oben, rings um die Höhlung steht:

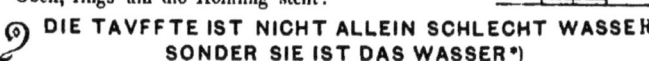

DIE TAVFFTE IST NICHT ALLEIN SCHLECHT WASSER
SONDER SIE IST DAS WASSER*)

An einem der Seitenfelder steht:

LASSET DIE KINDLEIN ZV MIR KOMMEN VND WEHRET
IHNEN NICHT DAN SOLCHER

(ist das Himmelreich).

An einem andern:

WER DA GLAVBT VND GETAVFED WIRD DER WIRD SELIG

---

*) Zu ergänzen aus Luthers Kl. Katechismus: in Gottes Gebot gefasset und mit Gottes Wort verbunden.

Am Fusse befinden sich an zwei Feldern nur Ornamente, an den 4 übrigen die vier Evangelisten in schön gearbeiteten Renaissance-Reliefs:

Matthäus, dem ein Engel das Buch hält, in welchem er schreibt.
Marcus, vor einem Pulte, lesend; der Löwe hinter ihm.
Lucas, in ein Buch schreibend; dabei in einer Vase ein blühender Blumenstock und dahinter der Stier.
Johannes, in einem Buche lesend, der Adler hinter ihm.

Oben sind inmitten von Ornamenten 2 Wappen, das eine das von Kutzleben'sche (im Schilde eine schräge Säule, als Helmzier 5 Straussenfedern und 2 Fähnchen), das andere, ein von einem Pfeil durchschossener Vogel, ist fraglich.

In der Sacristei lehnt in einer Ecke ein altes kleines Brustbild Martin Luther's, Oelgemälde auf Holz, 25ᶜᵐ breit, 35ᶜᵐ hoch, etwas verblichen, aber sehr gut und treffend gemalt, in einem schmalen schwarzen Rahmen; der Reformator hält ein aufgeschlagenes Buch, auf welchem die Stelle aus der 1. Epistel an den Timotheus 1,15 steht, die anfängt:

„Denn das ist je gewiß ꝛc. Amen.

Der schöne Anfangsbuchstabe ist im Styl vom Ende des 16. Jahrhunderts. Oben rechts in der Ecke steht **Aetatis suae LXII**, darunter das bekannte Lutherwappen (im rothen Felde eine 5blättrige, weisse Rose, mit einem rothen Herzen in deren Mitte und darauf ein schwarzes Kreuz (**T**). — Unter dem Amen stehen die Buchstaben **Q. V.**, welche auf den (ohne Angabe des Taufnamens) als einen Cranach'schen Schüler erwähnten Maler Vischer deuten könnten, der dann das in dem bekannten Typus dargestellte Bild im letzten Lebensjahre Luther's gemalt hätte; aber wenn dasselbe auch nur spätere Copie sein sollte, so verdiente es wohl eine sorgfältigere Aufbewahrung und Beschirmung als unter einer Bank der Sacristei in Staub und Schmutz.

Auf dem Thurme hängen 3 Glocken, von 1,00, 0,91, 0,79 Meter Durchmesser, die grösste mit der Inschrift:

„**CONSOLOR** ▫ Y{VₐₐΤ ▫ FLEO ▫ M ▫ PELLO ▫ NOCIVΑ ▫ ◊T◊
ₐNNO ▫ M ▫ V° ▫ XX ◦".

Die mittlere hat dieselbe Inschrift und an der einen Seite ist die Mutter Maria mit dem Kinde auf einer Mondsichel, in einer Strahlensonne von elliptischer Form dargestellt und darunter das Kutzleben'sche Wappen. Die kleine ist ohne Schrift.

Grossen-Gottern,

7 Km. von der Kreisstadt, auch (bereits in einer Urk. v. 1268.) Bischofsgottern genannt, zum Unterschied von Altengottern, weil es eines der ersten Dörfer war, welches unter Botmässigkeit des Erzbischofs von Mainz trat. Jetzt ist es längst ein Marktflecken von gegen 3000 Einwohnern, aber man unterscheidet noch immer Ober- und Unterdorf.

Oberdorf hat eine grosse Kirche S. Walpurgis. Der Thurm, sehr corpulent

(1:2), ist am westlichen Giebel angebaut, mit einer sehr hohen, schlanken Mittelspitze und 4 kleineren Eckthürmchen, ein einfacher, schmuckreicher Typus, der

Fig. 6.

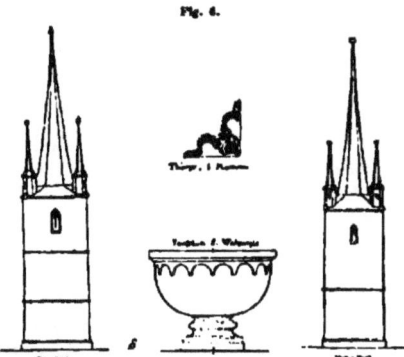

dem gothischen Styl ganz entspricht.

In der Kirche befindet sich ein schöner, wohlerhaltener Altarschrein vom
Ende des 15. Jahrhunderts, in der Mitte mit den Figuren S. Nicolaus, Jacobus
und Walpurgis, die Flügel enthalten je 2 Darstellungen aus dem Leben des
Apostels Jacobus major; links erscheint er Arme unterstützend und Kranke
heilend, unten steht er vor dem Gericht des Herodes; rechts oben ist seine Hin-
richtung, unten seine Beerdigung dargestellt. Die Gruppen sind gut und ausdrucks-
voll, nicht ohne künstlerischen Werth.

Ein zweiter hinter dem Altar der Kirche befindlicher Fügelschrein enthält in
der Mitte eine in Schnitzwerk ausgeführte Krönung Mariä und auf den quer
getheilten Flügeln oben links die Verkündigung und rechts die Geburt Christi;
unten rechts die Anbetung der Weisen und links die Auferstehung des Herrn.
Auf der Predella ist in figurenreicher Gruppirung das Leichenbegängniss der heiligen Walpurgis dargestellt.

An der westlichen Giebelwand sind ausserdem die Figuren der h. Walpurgis
und der h. Barbara aufgestellt, auch hängen hier zwei gut gemalte Bilder.

Ausserhalb der Kirche liegt die obere Schale eines alten romanischen Taufsteins (s. Fig. 6.)

Auf dem Thurme befinden sich 4 Glocken von 1,40, 1,15, 0,93, 0,76 ▪ Durchmesser. Die grösste und die kleinste 1798 von J. Georg Koch in Mühlhausen,
die zweite von Karl Lange in Erfurt 1848, die dritte von Joh. Heinr. Brauhoff in Northausen (so!) 1739 gegossen.

Unterdorf mit einer Kirche S. Martini, die einen ähnlichen Thurm (s. Fig. 6.)
wie das Oberdorf und sonst nichts Bemerkenswerthes hat. Die südliche Eingangs-
thür hat ein rein gothisches Profil, der Eckstab läuft in seiner Birnform von
den Seiten lothrecht hinauf und überschneidet sich im Spitzbogen.

An der Strasse nach Langensalza steht die Kapelle eines Spitals S. Andreae,
über die sich nichts Bemerkenswerthes sagen lässt. Sie gehörte unter Aufsicht
des Wilhelmiter Klosters in Mülverstedt.

Auf dem Thurme sind 4 Glocken: die grösste von 1,20ᵐ Durchmesser ist 1631 von Joh. Wolfg. Gayer in Erfurt, die zweite von 0,95 ᵐ Durchmesser im Jahre 1848 von Mich. Carl Lange daselbst, die dritte von 0,84ᵐ Durchmesser 1789 in Nordhausen von J. Heinr. Brauhof und die vierte von 0,67ᵐ Durchmesser 1684 von J. Heinr. Rausch in Erfurt gegossen.

Grumbach.

Kirchdorf, 6 Km. südlich von Langensalza, mit einfacher Kirche S. Vincentii vom J. 1607, an Stelle eines durch den Blitz zerstörten älteren Gebäudes.

Die 3 Glocken haben 0,92, 0,75, 0,60ᵐ Durchmesser, und sind sämmtlich von den Gebrüdern Ulrich in Laucha und Apolda gegossen, die beiden grösseren 1810, die kleinste 1875.

Haussömmern.

Kirchdorf, 15 Km. nordöstlich von Langensalza. An der Südseite der aus dem Spätmittelalter datirenden Kirche*) befindet sich ein eingemauerter Stein mit der Inschrift: 1602 Chriſtian Buſieb G . S . P.   I . K . S.   M . G . H . K . R.
Auf dem mit sehr gedrückter Haube, aber desto schlankerer Spitze versehenen Thurme hängen 3 Glocken von 1,09, 0,91, 0,59ᵐ Durchmesser. Die grosse ist von Joh. Zechbaur 1787 in Erfurt, die mittlere 1681 von Jacob Pappenius daselbst, die dritte von Gebr. See in Kreuzburg 1813 gegossen.

Henningsleben.

Kirchdorf, 5 Km. südlich von Langensalza, mit einer 1730 umgebauten S. Mariae-Kirche. Der an der Nordseite des Altarchores befindliche Thurm ist im Unterstockwerke noch gothisch. Dasselbe ist nahezu quadratisch (3,70 × 3,43ᵐ) und enthält ein 2,75ᵐ hohes Spitzbogengewölbe mit einem schmalen Fensterschlitze und einer in die Kirche führenden Spitzbogenthür von 1,65ᵐ Höhe und 0,75ᵐ Breite.

Am Eingange der Sacristei stehen auf hölzernen Postamenten zwei gut in Holz geschnitzte allegorische Frauengestalten (Glaube und Liebe) und an der Wand befindet sich das Steingrabmal der 1610 verstorbenen Witwe weiland Jost's v. Berlepsch zu Oberchranichfeld, Frau Catharina, geb. Wolffin von Gütenberck, auf welchem die Verstorbene vor dem Crucifixus betend dargestellt ist, und das ausserdem 3 Bibelsprüche und 8 Ahnenwappen enthält.

Auf dem Thurme sind 2 Läute- und 1 Schlagglocke von 0,84, 0,68 und 0,46ᵐ Durchmesser. Die grosse Glocke hat die obere Umschrift: ANNO IOSI (soll 1651 heissen, weil dem Giesser wahrscheinlich die Zifferschablonen fehlten), ausserdem die Namen Hartmann von Berlepsch vf Seebach, Anna Elisabeth von Berlepsch, gebohren von Hagen und die zugehörigen Wappen. Die zweite Glocke ist von El. Gottfr. Hahn 1773 in Gotha, die Uhrglocke 1601 von Hieronymus Mörinck in Erfurt gegossen.

---

*) Eine im Pfarrarchive vorhandene Urkunde von 1498 enthält bischöfliche Anordnungen über die Stiftung der Kirche.

Das Schlossgebäude des Ritterguts ist rings mit einem ziemlich breiten und tiefen ausgemauerten Graben umgeben, und auf der Süd- und der Westseite durch ein steinernes, mit einigen Schiessscharten versehenes Thorgebäude aus dem Jahre 1617 zugänglich.

Auf der Flurgrenze zwischen Henningsleben und Ufhoven lag der rothe Högk (wahrscheinlich ursprünglich eine heidnische Opferstätte), ein rundes Erdwerk mit einem die ganze südliche und westliche Seite des Wurmbergplateaus (in einer Urkunde von 1492 „die Worme" genannt) umfassenden Wall („der dicke Rasen") und einem runden Thurme aus dem Mittelalter, welcher mit einem ziemlich tiefen Wallgraben umgeben war. Seit der Separation ist der Thurm verschwunden, und die Erdwerke sind bis auf wenige Spuren planirt.

Ganz in der Nähe des rothen Högk wurde vor etwa 20 Jahren beim Ackern ein aus grossen Steinplatten bestehendes Heidengrab gefunden nebst wenigen Scherben.

Heroldshausen.,

Kirchdorf, 10 Km. westlich von Langensalza, mit einer stark umgebauten Kirche ohne archäologisches Interesse.

Die 3 Glocken auf dem Thurme haben 1,07, 0,90, 0,55^m Durchmesser, und ist die grosse 1852 von Ernst Christoph Rumpel in Mühlhausen gegossen. Die zweite hat in Minuskeln oben herum die Inschrift:

anno dm 15⸱ xviij anno hels ich in des heiligen ✠ e i i

Der Schluss soll wahrscheinlich heissen: in des heiligen Kreuzes Ehre läut' ich. Ausserdem befinden sich darauf 2 Medaillons über einander, die durch den unkenntlichen Abguss einer Münze getrennt sind. Das obere Medaillon zeigt zwei stehende Engel, die zwischen sich anscheinend den ungenähten Rock Christi emporhalten; das untere die Maria mit dem Kinde auf der Mondsichel, umgeben von einer Strahlensonne.

Die dritte Glocke hat bei auffallender Höhe keine Schrift, und ist also wohl von hohem Alter.

Hornsömmern.

Kirchdorf, 17 Km. nordöstlich von Langensalza. Die der h. Maria geweihte Kirche von Tennstedter quaderförmigem Tuffstein ist an dem alten Altarraum neu angebaut; letzterer hat am Ostgiebel drei schlanke Spitzbogenfenster. Ein Thurm fehlt; der mit einem Kreuzgewölbe gedeckte, an der Südseite der Kirche befindliche Sacristeiraum war vielleicht der untere Theil des früheren Thurmes. In einem Gange befindet sich an der Wand ein schön geschnitzter Altarschrein von 78^{cm} Breite und 115^{cm} Höhe, etwa aus dem Jahre 1500. Der Mittelschrein enthält über einem Wolken-Ornament die Krönung Mariae und jederseits 4 paarweise übereinanderstehende Figuren (rechts oben Maria Magdalena und ein Papst mit einem Buche, unten ein Bischof mit einem Buche und S. Katharina; links oben ein Papst mit Buch und die h. Elisabeth, unten S. Barbara und ein Bischof). Auf den beiden Seitenklappen stehen, ebenfalls in 2 Etagen, die 12 Apostel, zu dreien neben einander, auf goldnem Hintergrund.

Ueber der Sacristei hängen 3 Glocken von 1,07, 0,89 und 0,67^m Durch- messer, die von den Gebrüdern Ulrich gegossen sind; die grösseste (mit der In- schrift: **Jerbum Domini manet in aeternum**) und die kleinste (mit der Inschrift: **Soli Deo gloria**) im Jahre 1784, die mittlere im Jahre 1807.

Isseraheilingen.

Kirchdorf, 11 Km. nördlich von Langensalza, mit neuer Kirche*) unter Bei- behaltung des alten Thurmes, auf welchem 3 Glocken von 0,93, 0,59, 0,39^m Durch- messer hängen. Die grosse hat die Minuskelinschrift:

anno dm y° 5° 18 gas mich h c in sant anna ere

(h. e. ist die Namensschiffer des unbekannten Glockengiessers). Die mittlere Glocke ist in Majuskeln mit der Jahreszahl

$$✝ \; \mathbb{T} \; D \; \circ \; \mathbb{U} \; \mathbb{U} \; \mathbb{U} \; \circ \; LXV \; \circ \; III$$

bezeichnet, neben der sich ein vertieftes Crucifix (mit I h S darüber) befindet. Die kleine Glocke hat keine Schrift.

Kirchheilingen.

Kirchdorf, 10 Km. nordöstlich von Langensalza. Nördlich im Schiffe der im Allgemeinen nicht interessanten, jedoch grösseren Kirche befindet sich das in Stein gehauene Epitaphium des Obristen Melchior v. Schorbrant, gest. am 17. Febr. 1614, und seiner Gemahlin Maria, geb. Monix, gest. am 25. Oct. 1632. Beide sind lebensgross dargestellt, und ihre 8 Ahnenwappen daneben. Oben ist die Grab- legung und die Auferstehung Jesu en relief angebracht.

Auf dem Thurme hängen 3 Glocken von 1,18, 1,00 und 0,75^m Durchmesser. Die grösste und die kleinste sind von den Gebrüdern Ulrich in Apolda gegossen, bezw. 1817 und 1818.

Die mittlere Glocke hat die längere Minuskelschrift:

Anno + dm + m + cccc + lxxoll + sanctus + bonifacius
+ et + verbu + caro + facta est + o + rex t glorie t
xpe t veni t nobis co t pace ○ (Medaillon mit einem Adler).

Langensalza

(einschliesslich Kloster-Homburg und Thiemsburg).

Allgemeines. — Die Kreisstadt Langensalza liegt an der Salza in einem der vielen Thäler, welche vom Haynich (s. oben S. 4.) in östlicher Richtung aus-

---

*) Von der abgebrochenen früheren Kirche ist noch eine Steinplatte mit folgender Inschrift vorhanden:
Nominatur hoc templum ab S. Johan. Baptistam monstrantem agnum Christum, qui tollit pec- cata mundi, eMque erstructum anno a nato Christo 1677.
M. E H. H. H. B. E. W. K.

laufen, und zwar im südlichsten, offensten dieser Thäler, auf einer Tuffstein - Unter-
lage*) von stellenweise bis 6 und 7 Meter Dicke. — Die Stadt hiess früher, wie
der Bach, der sie durchströmt, nur Saltza (1142 Saltzaha, dann Saleza, latinisirt
Salissa), hat aber im Volksmunde wegen ihrer Lage längs des Baches allmählich
den Namen Langensalza**) angenommen, welcher, passend wie er war, zuletzt so
gebräuchlich wurde, dass er amtlich anerkannt werden musste. Der neue Name
taucht am Ende des 16. Jahrhunderts auf, und die Stadt, welche in Actenstücken
von 1554 und 1567 noch Salza genannt wird, heisst in den Verhandlungen über
die Concordienformel (1579) zuerst Langensalza.

Salza war ursprünglich ein Dorf, welches der glaubwürdigen Tradition zufolge
schon im 8. Jahrhundert als ein namhafter Ort existirte. Das überaus fruchtbare
Unstrutthal, die wasserreiche Salza, das leicht zu gewinnende Bruchsteinmaterial
machen eine frühzeitige Ansiedlung wahrscheinlich. Dagegen ist es eine durch
nichts zu beweisende Annahme, dass das erste, von Bonifacius (s. Einleitung S. 2)
gegründete christliche Gotteshäuslein, zugleich für Salza und Thamsbrück bestimmt,
in der Mitte zwischen diesen beiden Ortschaften auf der Stelle des späteren
Klosters Homburg***) gestanden haben soll, obwohl auf dem oberhalb (super) des
letzteren belegenen Erbhofe (curia) der Mutter Heinrichs des Löwen in der ersten
Hälfte des 12. Jahrhunderts eine Marienkapelle und eine Kapelle Simonis et Judae
vorhanden war, deren Gründung möglicherweise in eine sehr frühe Zeit hinauf
reicht, und der Ort (locus) Homburg (Hohinburg, Hohenburg, Hoenburg, Honburg,

---

*) Die monumentalen Bauwerke in Langensalza und in der Umgegend sind alle aus diesem
vortrefflichen Material ausgeführt, welches nicht bloss von grösster Dauerhaftigkeit ist, sondern
auch durch seinen warmen bräunlichen Ton und durch das von seiner Porosität bedingte gewis-
sermassen felsige Ansehen der bearbeiteten Steine malerisch wirkt.

**) In der nächsten Umgegend wird die Stadt vom Volke „Langensaalz" genannt und der
Bach „die Saalz"; von letzterem ist auch der Name eines Berges bei Ufhofen an der Grenze
der Langensalzaer Flur „der Sälzenberg (Sülzenberg)" herzuleiten.

***) Auf ihrem Grund und Boden (in fundo suo) zu Homburg an dem schluchtenreichen,
waldigen Uferrande der Unstrutniederung (etwa 2 Km. von Langensalza, Thamsbrück gegenüber)
hatte die Markgräfin Gertrud, Mutter der Kaiserin Richenza und Urgrossmutter Heinrichs des
Löwen, um das Jahr 1100 ein Nonnenstift (ecclesiam b. Christophori) wenn nicht gegründet, so
doch reicher begabt und ausgestattet, und ihre Schenkung (5 Güter zu Salza, eine Mühle und
5 Schillinge Erbzins vom Acker in dem Dorfe Heyligen zu Lichten für die Kirche) wurde von
ihrer Enkelin, der Herzogin Gertrud von Sachsen, Mutter Heinrichs des Löwen, 1142 bestätigt,
nachdem schon im J. 1136 der K. Lothar II. und seine Gemahlin Richenza nebst ihrem Schwieger-
sohn, dem Baiernherzog Heinrich dem Stolzen, diese Familienstiftung in ein Benedictiner Mönchskloster umgewandelt hatten, weil die wenigen daselbst vorhandenen Nonnen, die entweder ver-
setzt werden oder unter der Leitung der Mönche wohnen bleiben sollten, das reich ausgestattete
Kloster innerlich und äusserlich hatten herunter kommen lassen. Eine bedeutende Erwerbung
für das neue Mönchskloster des h. Moritz war der nahe gelegene Wald bei Thiemarsburg
(Dimaresburch, Dymarsburch, Dithmaresburgk, später Thiemsburg), welchen der Abt Tiemo 1.
1143 von Heinrich von Wida, dessen Vater diese Besitzung von Heinrich dem Stolzen zu Lehn
empfangen hatte, zu freiem Eigenthum kaufte oder eintauschte, wozu des genannten Herzogs
Sohn, der junge Heinrich der Löwe als Lehnsherr seine Genehmigung ertheilte. Neunzehn Jahre
später im J. 1162, überliess letzterer sein Vogteirecht zwar völlig dem Kloster selbst, fand
es aber doch angemessen, da der Abt Konrad sich hatte Vernachlässigungen zu Schulden kommen
lassen, den Grafen Adelgar von Honstein zwar nicht zum Vogt zu bestellen, wohl aber ihm

Homburg), der in der sicher beglaubigten Geschichte aus Anlass einer daselbst stattgefundenen Zusammenkunft und Besprechung zwischen den Häuptern der königlichen und der sächsischen Partei zuerst im Jahre 1073 erwähnt wird, war sicherlich älter als das gleichnamige Kloster, dessen Stiftung durch Karl den Grossen lediglich fabelhaft ausgeschmückte Sage ist.

Dieses alte Dorf Salza mit einer (nach Göschel 1,99) im J. 1070 von Ludwig dem Springer errichteten) Marienkirche lag weiter thalabwärts als die jetzige Stadt und mag in der gewaltigen Schlacht bei Homburg, die K. Heinrich IV. mit starker Kriegsmacht am 9. Juni 1075 gegen die mit den Thüringern verbündeten Sachsen zwischen Thamsbrück und Nägelstedt lieferte, da es mitten auf dem Schlachtfelde lag, zerstört und hernach in einer geschützteren Lage weiter im Thale hinauf wieder gebaut worden sein.

In enger, noch nicht recht aufgeklärter Verbindung mit Salza erscheint seit dem 12. Jahrh. das alte, weit verzweigte thüringische Dynastengeschlecht der

---

fleissige Fürsorge für das Kloster anzuempfehlen; dessen ungeachtet wussten die Grafen von Hohnstein das förmliche Vogteiamt an sich zu bringen. Auch auf das ihm von seinen Vorfahren überkommene Recht, einen Abt einzusetzen, verzichtete er 1164, den Mönchen das freie Wahlrecht überlassend, und befreite das Kloster, das bisher in weltlichen Dingen ihm und seinen Vorfahren unterworfen gewesen war, zu Ehren des h. Christoph und des h. Moritz völlig von dieser Abhängigkeit, indem er sich und seinen Erben nur das Patronatsrecht vorbehielt; ja, seine Gunst gegen die Familienstiftung ging so weit, dass er 1179 dem Kloster sein ganzes Eigenthum in Thüringen als Geschenk unter Lebenden überliess, d. h. demselben sein Lehnsrecht darüber abtrat. Alle diese Privilegien wurden nachher von den Söhnen Heinrichs des Löwen, sowie von dem Papste und dem Erzbischofe von Mainz bestätigt. Unter so glücklichen Verhältnissen mussten Macht, Reichthum und Ansehen des Klosters schnell zunehmen; zu den ursprünglichen 5 Hufen in Salza z. B. waren bereits 1202 noch vier Hufen, eine Mühle und zehn Wohnhöfe daselbst gekommen, welche der Abt Heinrich als eröffnetes herzogliches Lehn für sein Kloster eingezogen hatte, und in der Confirmations-Bulle Honorius III. von 1225 wird die „villa Salcza" (ausser Körner und Schwalbhausen) ganz zu den Besitzungen des Klosters gerechnet. Im 14. und 15. Jahrh. mehrten sich namentlich die Besitzungen und Einkünfte des Klosters in Thamsbrück. — Vgl. E. G. Förstemann, die Urkk. des Kl. Homburg, in N. M. VII. 4,27 — 63 u. VIII. 2,71 — 125.

Ueber die Beschaffenheit der Kirche, in deren Thurm sich eine Kapelle S. Johannis befand, und der Gebäude des Klosters ist nicht das Geringste bekannt. (Verf. hat vergeblich nach irgend einer Ansicht geforscht). Die ausgedehnte Anlage und der Ruf grosser Reichthümer verlockte im Bauernkriege 1525 hier gründlich zu plündern; aber, wenn auch nachher dafür Entschädigung geleistet werden musste, so war doch der alte Glanz dahin, und die Einführung der Reformation 1539 bereitete sogar den Verkauf des Klostergehöftes nebst dessen Flur und dem Walde Thiemsburg an die Commune Langensalza 1544 vor. Die Gebäude wurden abgebrochen und die Materialien nach der Stadt geschafft, um anderweitig verwandt zu werden. Gegenwärtig sicht man nur noch eine etwa 60ᵐ lange und 1 — 3ᵐ hohe Futtermauer gegen den steilen Abhang der Schlucht hin. Bis zur Separation der Flur existirte noch ein Ackerstück von gekrümmter Form mitten unter andern geraden Aeckern, welches der „Weg nach dem Kloster" hiess; jetzt ist auch dieses verschwunden. Die Flur war von den Mönchen durch (jetzt beseitigte und anderweit benutzte) behauene Grenzsteine versteinigt, die jeder mit der Minuskel h bezeichnet waren. — Am Fusse des Berges liegt nahe an Teichen und an einem herrlichen Quell ein Gasthaus, welches bereits der Klosterzeit angehört zu haben scheint. — Auch in dem jetzigen Försterhause zu Thiemsburg scheint ein älteres Steingebäude theilweise eingebaut zu sein.

Herren von Salza*), die anscheinend zuerst nur Ministerialen Heinrichs des Löwen von unbekannter Abkunft sich später zu Baronen und Herren von Salza aufschwangen. Wahrscheinlich bildeten sich in Salza selbst mehrere Linien des Geschlechts; indem unter der gemeinsamen Benennung „Dryburg" drei Burgen der Herren v. Salza daselbst vorhanden waren: eine in den sogen. Niederhöven (im Niedertheile der jetzigen Stadt), eine andere weiter oberhalb in der jetzigen Altstadt, und eine dritte in den Oberhöven, die jetzt als besonderes Dorf den Namen Uffhoven (s. dieses) führen. Von der Burg in den Niederhöven ist noch ein Thurm übrig, auf der Ecke der nordöstlichen Stadtmauer, und ausserdem erinnert der Name „die Burggasse" für zwei im rechten Winkel auf den ehemaligen Burgeingang stossende Gassen an ihre frühere Existenz. Die Stelle der Burg in der Altstadt nimmt das jetzige Schloss ein, dessen innerer Theil gegenwärtig die Dryburg heisst.

Als im Jahre 1212 der Welf K. Otto IV. (zweiter Sohn Heinrichs des Löwen) aus Italien zurückgekehrt, um sich dadurch an dem von ihm abgefallenen, wankelmüthigen Landgrafen Hermann zu rächen, einen Verwüstungszug durch Thüringen unternahm, belagerte er auch die Dryburg, da die Herren von Salza, die es mit dem Landgrafen hielten, des Landfriedensbruches und der Räubereien bezichtigt waren. Die Belagerung endete durch Capitulation, in Folge deren Otto das bisherige Dorf Salza zur Stadt erhob, die sofort mit Mauern, Thürmen und Thoren versehen wurde, jedoch in der Abhängigkeit von den Herren von Salza verblieb. Sie umfasste nur das jetzige Marktviertel (die innere oder Altstadt mit dem Schloss, der Bonifacius- und der Thomaskirche) und hatte vier Thore, das Mühlhäuser, Erfurter, Jacobs- und Frauen- (oder Rosen-) Thor, welche annähernd an den vier Ecken der fast ein Quadrat bildenden Stadt belegen waren und längst abgetragen sind; es waren nur einfache und keine Doppelthore. Die Stadtmauer lässt sich jedoch in ihrem Umlaufe noch deutlich verfolgen und unterscheidet sich von den späteren Theilen sowohl im Mauerwerk als auch durch die Form der Thürme. Letztere sind bis oben hinauf viereckig und trugen eine steile, achtseitige, gewölbte, steinerne Pyramide als Dach, um welches rings eine gemauerte Brüstung den Vertheidigern Schutz gewährte; mit einer solchen Brüstung war auch die Ringmauer versehen**).

Im Laufe des 14. Jahrh. waren die Herren von Salza in viele Fehden und in die sogen. Grafenkriege gegen ihren Landesherrn, Landgrafen Friedrich II. den Ernsthaften, verwickelt und sahen sich genöthigt, innerhalb 40 Jahren mehrere ihrer werthvollsten Besitzungen, Dörna bei Mühlhausen, Tambach und Illeben im

---

*) Der ausgezeichnetste Sprössling dieses Geschlechts war Hermann von Salza, der erste Hochmeister des Deutschen Ordens (gest. 1239), dessen ehrenvoller Name der Geschichte angehört. Sein als Minnesänger bekannter Bruder Hugo pflanzte das Geschlecht in Salza fort, dessen Hauptstamm 1400 mit Hermann von S. erlosch. — Nach der Katastrophe von 1346 (s. weiter unten S. 20) erscheinen die von Salza nur noch als landesherrliche Beamte (officiales et advocati). Vgl. (C. v. Salza) Regesten der Familie Salza. Lpz. 1853.

**) Auf einem dieser Thürme lag zur Abdeckung der (sonst vielleicht offen gebliebenen) Spitze ein runder Plattenstein mit einem Rande, der den allzeit zu Spitznamen bereiten Volkssinn bewogen hatte, deshalb den ganzen Thurm mit „Tellerthurm" zu bezeichnen und sogar Ackerstücke danach zu benennen, wie z. B. „beim Tellerthurm" etc.

2*

Gothaischen, Altenstein bei Schweina im Meiningischen, zu veräussern. Ein Erbtheilungsstreit wurde die Veranlassung, dass sie auch ihre Herrschaft über Salza einbüssten. Ein Herr von Salza starb 1343, seine drei Söhne theilten sich in die Stadt und einer derselben verkaufte seinen Antheil an den Erzbischof von Mainz, bevor die Theilung selbst klar gelegt war. Anfangs wiedersetzten sich die Brüder, doch that einer derselben den gleichen Schritt, und nun veräusserte auch der dritte Bruder seinen Antheil, aber nicht an Mainz, welches von Stadt und Burg bereits Besitz ergriffen hatte, sondern an den Landgrafen Friedrich II., welcher, da er mit Hohn empfangen und ihm der Einlass verwehrt wurde, 1346 zur Belagerung schritt, bei der die Stadt durch Brandpfeile angesteckt und in einen Schutthaufen verwandelt und über 1000 Menschen getödtet wurden*). Das Schloss wurde noch von den Mainzern gehalten, und die Belagerung dauerte noch mehrere Monate fort, bis sich der Erzbischof mit dem Landgrafen dahin verglich, dass sich beide in den Besitz von Salza theilten. Diese Doppelherrschaft dauerte indess nur bis zum J. 1387, wo der Landgraf Balthasar in den alleinigen Besitz gelangte.

Die auf die Zerstörung der Stadt folgende Zeit war dem Wiederaufbau derselben sehr ungünstig. Im Jahre 1349 wurde das Thüringerland durch die Pest schwer heimgesucht, was man der jüdischen Bosheit schuld gab; auch in Salza wurden deshalb alle Juden theils erschlagen, theils vertrieben, und auch die Thüringen durchstreifenden Schwärme der Geissler dürften Salza nicht verschont haben. Erst im Jahre 1356 kam es zu einer neuen Organisation des Stadtregiments, indem beide Herren, Erzbischof Gerlach und Landgraf Friedrich III. der Gestrenge gemeinschaftlich festsetzten, dass die drei Städte zu Salza (d. h. die Altstadt und ihre beiden Vorstädte, die Jacobsstadt und die Neustadt), die bis dahin eine getrennte Verwaltung gehabt zu haben scheinen, fortan unter einem gemeinsamen Rathe stehen sollten. Dieser inneren Vereinigung folgte später auch die äussere, indem unter Landgraf Balthasar alle drei Städte mit einer gemeinschaftlichen Ringmauer eingeschlossen wurden. Wo es nöthig war, wurde die Mauer der Altstadt abgebrochen, und an die beibehaltenen Theile schloss sich die neue Mauer mit ihren Thürmen und Thoren an, wodurch die Stadt, nach Südwesten und nach Nordosten längs der Salza verlängert, ihre jetzige, den jetzigen Stadtnamen begründende, lange Ausdehnung annahm.

Bis in die dreissiger Jahre unseres Jahrhunderts besass die Stadt einen wesentlichen Schmuck in den vielen Thoren und Thürmen der Ringmauer. Von den 24 Mauerthürmen waren einige hoch, andere niedrig, einige rund und andere viereckig, theils mit Steinspitzen, theils mit Ziegel- oder Schieferdächern versehen. Die Rundthürme standen ganz nach aussen; die viereckigen von quadratischer Grundform, von denen zwei blosse, nach innen offene Wichhäuser waren, standen zum Theil nach aussen, zum Theil nach innen. Die Thore waren theils mit einem einfachen Thurme überbaut, theils mit zwei Thürmen flankirt. Ausserdem war die Stadt noch mit einem doppelten Wallgraben umgeben; an der Westseite jedoch hatte man sich mit einem, hier tief in das coupirte Terrain einschneidenden Graben begnügt. Unter Wasser gesetzt konnten die, jetzt verfüllten und in anmuthige

---

*) Nach Angabe einer Inschrift an der Bonifaciuskirche vom Ende des 15. Jahrh. 18 Schock; über die Inschrift selbst s. weiter unten S. 28. bei Beschreibung der Kirche.

Spaziergänge verwandelten Gräben nur zum Theil werden, wovon sich der Name eines Theils der Erfurter Vorstadt „auf dem Teiche" herschreibt. — Von den Mauerthürmen sind mehrere abgetragen, und von den Thorthürmen sind nur noch zwei, der des Klagethors und einer zur Seite des Jahrmarktsthores, (Fig. 7.)

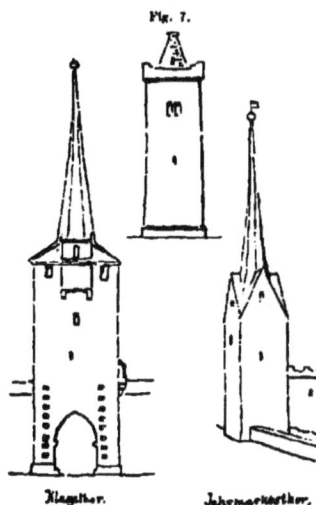

Fig. 7.

Klagethor.   Jahrmarktsthor.

vorhanden. Die Stadt ist sehr winklig gebaut, und haben auch die Plätze fast durchweg eine verschobene Form und eine geringe Grösse.

Ueber die Namen der etwa 40 Gassen ist Folgendes zu bemerken: Die Salzgasse hat ihren Namen davon, dass ein Hauptarm der Salza durch dieselbe fliesst; das Entenlaich war früher offen fliessendes, flaches Wasser, daher ein den Enten willkommener Tummelplatz; die Holzgasse stand früher, bevor die Stadtmauer zur Ausführung gekommen war, mit dem Holzwege nach dem Haynich in Verbindung, jetzt hat ihr Name keinen Sinn mehr; sie endet auf dem Holz-markt, wo sich die Holzfuhren zum Verkauf aufstellten; die Herrengasse liegt in der Nähe des Reinhardtsbrunner Hofes, den dieses Kloster 1365 erworben hatte; die jetzt im Volksmunde Hünjelsgasse benannte Gasse hiess nach alter Kämmerei-Rechnungen platea de Hongede, weil daselbst ein Herr von Höngeda ein Gut besass (die jetzige sog. „Hohmeierei."); das Klagethor soll seinen vul-gären Namen davon haben, dass hier die Leichenzüge der Juden, welche in der ihnen angewiesenen Jüdengasse wohnen mussten, nach ihrem Begräbnissplatze, dem Judenhügel, hin passirten; die Brüdergasse hat ihren Namen vom Augustinerkloster, das an die Nordseite derselben grenzte, die Greussengasse von dem anliegenden „Ritterhof" der Herren von Greussen; die Rebellengasse von einem darin wohnenden Bürger, Namens Rebil; das Kriegsthor von einem Bürger Namens Krieg, welcher daneben wohnte; die Klostergasse vom Weissfrauenkloster Mariae Magdalenae; die Bonifaciusgasse von der Bonifaciuskirche; die Gasse „hinter dem Barfüsser“, „beim Barfüsser“ („Barbsen“) von dem betr. Kloster; der Lindenbühl von einem mit Linden bepflanzten hochgelegenen Wege, dem ältesten ehemals ausserhalb, jetzt innerhalb der Stadt belegenen Wall: die Steingrubengasse von den vielen Steinbrüchen daselbst; die Bornklauengasse nach dem Namen eines darin wohnenden Bürgers Brosius Claus: die Sperlingsgasse vielleicht in Folge der vielen daselbst stehenden Scheunen. Der Brühl, auf dem das Hospital S. Georgii lag, wird als solcher jetzt noch wenig genannt: der fast in jeder sächsischen und thüringischen Stadt vorkommende Name bezeichnet aber feuchte, mit Wasser versehene Gärten. Das Jahrmarkter- oder Jahrmarkts-Thor wurde desshalb so benannt, weil in dessen Nähe, im Jacobi-Viertel in alten Zeiten die Jahrmärkte abgehalten wurden.

Die Thore heissen jetzt: Das Erfurter Thor, das gothaische Gatter, das Lindenbühler (früher Johannis-) Thor, das Jahrmarktsthor, das Kriegsthor, das innere und äussere Mühlhäuserthor, das Niederhöver Thor, (früher Frauenthor, von der Liebfraukirche), das Klagethor.

An schönen Plätzen ist die Stadt arm: der Schuhmarkt (dreieckig), der Neumarkt (dreieckig), der Kornmarkt und der Holzmarkt (vieleckig), der Töpfermarkt (allein viereckig). Zwischen dem Niederhöver Thor und der Liebfraukirche liegt der Anger (dreieckig), mit alten Linden und Steinen umkränzt.

Im Mittelalter war längs der inneren Seite der Stadtmauer behufs der Vertheidigungsanstalten ein Verbindungsweg, der aber jetzt verbaut und zu Gärten oder Höfen benutzt ist. Nach diesem Wege „hinter der Mauer“ bestanden eine Menge kürzerer Verbindungen von den inneren Gassen, die den eigenthümlichen Namen „Weg-Wege“ führten (spr. Weckwege).

Das ganze Terrain nördlich der inneren Stadtmauer vom inneren Mühlhäuser Thor bis an's alte Rosen- oder innere Frauenthor, hiess früher „das Rosenthal“, und lag darin ein Vorwerk gleiches Namens.

Dadurch, dass der mit hohen Futtermauern eingefasste und mit vielen Brücken versehene „wilde Graben“ für das Hochwasser der oft anschwellenden Salza durch den nordwestlichen Theil des jetzigen Weichbilds geleitet ist, hat die Stadt sehr häufig von grossen Wasserfluthen und nach deren Verlaufen von üblen Gerüchen zu leiden gehabt. Man liebte aber offene Wasserläufe bei den Häusern, und noch in diesem Jahrhundert floss in einigen Strassen das Wasser der Salza offen in einer Breite von 2—3 Metern, und zahllose „Schrittsteine“ vermittelten den Verkehr zwischen den beiderseitigen Bürgersteigen. Eine dritte Wasserleitung (kein Quellwasser, sondern Salza-Wasser von Ufhoven) versorgt seit d. J. 1369 die Stadt mit etwas reinerem Fliesswasser durch Laufbrunnen in verschiedenen Stadttheilen.

So, wie eben beschrieben, ist Salza vom J. 1387 ab bis in's 19. Jahrhundert im Wesentlichen unverändert geblieben, abgesehen selbstverständlich von den baulichen Veränderungen in Folge der vielen und grossen Feuersbrünste, von denen die Stadt 1438, 1506, 1517 und 1711 heimgesucht wurde. Namentlich zerstörte das letztere im äussersten Südwesttheile der Stadt ausgebrochene Feuer, das sich der Länge nach über die ganze Mitte derselben verbreitete, den besten Stadttheil, und unter mehreren öffentlichen Gebäuden auch einen Theil des Schlosses und das Rathhaus, dessen Archiv fast gänzlich zu Grunde ging.

Der Schutzheilige der Stadt war, wie in vielen anderen thüringischen
Städten, S. Nicolaus, und wird dessen Kalendertag, der 6. December, noch jetzt
in den Bürgerfamilien gefeiert, indem ein verkleideter Mann von erschreckendem
Aeussern erscheint, um sich nach guten und bösen Kindern zu erkundigen, und an
erstere die mitgebrachten Näschereien, Aepfel, Nüsse und Pfefferkuchen zu vertheilen.

Ueber das Stadtwappen setzten Erzbischof Gerlach von Mainz und Landgraf Friedrich III. bei der Einsetzung des gemeinsamen Rathes für die mit der
Altstadt vereinigten Vorstädte (s. oben S. 20) im Jahre 1356 folgendes fest:

"Auch sulln die vorgenannten Städte ein gemein Insiegel mit zwcien Tornen
und an einem Torne ein Rad (Mainz) und an deme andern einen Lewen
(Thüringen) haben".

Der Gebrauch eines solchen Stadtsiegels ist zwar nicht nachgewiesen, doch
dürften die beiden Thürme in dem Schilde des h. Gangolf auf dem Fig. 8. a. dargestellten alten Siegel des Gangolfshospitals darauf hindeuten. Der bei wichtigen
Angelegenheiten noch gegenwärtig in Gebrauch befindliche, in Stahl geschnittene
grosse Siegelstempel des Raths (Fig. 8. b.) datirt erst aus der Zeit des Landgrafen
Balthasar und zeigt, wohl mit Beziehung auf die 3 Stadtviertel (Markt-, Jacobi-,
und Neustädter Viertel) drei einzelnstehende, gezinnte Rundthürme mit in
einen Knopf ausgehenden Kegeldächern. Die Thürme haben im Obergeschoss drei

Fig. 8.

Fenster (·.· gestellt) und an den abgesimsten Untergeschossen sind schräg links
drei Wappenschilde angebracht, das mittlere mit dem Meissener, das zur Rechten
mit dem Thüringer Löwen und das zur Linken mit den Landsberger Pfählen.
Die Umschrift lautet in Majuskeln: ✠ S . CIVITATIS . SALUZA. Die im
gewöhnlichen Gebrauche befindlichen kleineren Siegel und Stempel enthalten meist
nur die drei Thürme ohne die Wappenschilde, aber mit drei links gestellten Wet-
terfähnlein als unwesentliche Zugabe. — Auf gemalten Stadtwappen sind die
Thürme weiss im rothen Felde und die fürstlichen Wappenschilder wie üblich tingirt.

Bereits im 13. Jahrh. war Salza Münzstätte, allein das Münzrecht haftete nicht an der Stadt, sondern stand den Herren von Salza zu, deren Schildzeichen deshalb auf den betreffenden Münzen steht. (Vgl. v. Posern-Klett, Sachsens Münzen im Mittelalter, S. 140); doch erwähnt Göschel 1,220 auch einen Bracteaten mit den drei Thürmen und der angeblichen Umschrift: Stadt Langensalza. v. Posern-Klett beschreibt 4 Münzen:

a. Ein Mann in langem, herabhängenden Kleide, den Kopf mit einer Mütze bedeckt, sitzt auf einem Bogen, daneben steht die verkehrt laufende Seitenschrift SAL | ZA in Majuskeln; als Umschrift: A ❀ V ❀ A ❀ V ❀

b. Ein sitzender Herr hält ein Schwert rechts, links ein Widderhorn, die Umschrift lautet: SALZA, in Majuskeln. ·

3. Ein gothisches h im inneren Ringe, zu beiden Seiten ein Widderhorn, darüber und darunter ein M von unbekanntem Sinn (moneta?)

4. Ein portalähnliches, von 2 Spitzthürmen flankirtes Gebäude, in Mitten ein radähnlicher Gegenstand oder eine Rosette, mit der Umschrift: SALQZA, in Majuskeln.

Sie scheinen sämmtlich spätestens bis an's Ende des 14. Jahrh. heranzureichen.

Die Stadt Langensalza hat gegenwärtig 4 Kirchen: die Marktkirche S. Bonifacii- und die Bergkirche S. Stephani aus dem Mittelalter; die Gottesackerkirche von 1734 und die kleine katholische Kirche, erst vor 20 Jahren erbaut. — Mehrere mittelalterliche Kirchen existiren nicht mehr.

I. Bonifaciuskirche.

Fig. 9.

Sie liegt im Marktviertel, längs der durch die Stadt führenden Haupt-Verkehrsstrasse an der Nordseite des Topfmarktes und steht nur mit einem kleinen Theile nahe an Privathäusern, sonst ganz frei, so dass der Prospect ihrer impo-

santen Masse und ihres hohen Thurmes nach drei Seiten offen ist und besonders
von der Nordwest- oder der Südostseite vortheilhaft auf den Beschauer wirkt. Die
Zeit ihrer Gründung ist unbekannt; da jedoch in einer Urkunde von 1273 eine
ecclesia forensis erwähnt und sie noch jetzt auch „Marktkirche" genannt wird, so
muss sie damals bereits, und zwar als städtische Pfarrkirche vorhanden gewesen
sein. Ferner ist ein Ablassbrief des Papstes Bonifaz VIII. vom J. 1299 erhalten, in welchem allen bussfertigen und reumüthigen Sündern, wenn sie die Kirche
S. Bonifacii an bestimmten Feiertagen besuchen oder derselben sonst hilfreiche
Dienste und Beistand leisten, 40 Tage Erlass von den ihnen auferlegten Bussen
bewilligt wird. In einer Urkunde von 1309 wird die Stiftung eines Altars Aller
Heiligen in der „intra muros" belegenen Bonifaciuskirche berichtet. Einer chro-
nistischen Nachricht (Göschel 1,194) zufolge lagen im J. 1340 auf dem Platze
Materialien, die zum Kirchenbau bestimmt waren; jedenfalls aber gerieth letzterer
durch die Einnahme der Stadt 1346 und die darauf folgende Pest in's Stocken. —
Im Jahre 1356 überlassen Erzb. Gerlach von Mainz und Landgraf Friedrich II.
von Thüringen ihr gemeinschaftliches Patronatsrecht über die Kirche dem Maria-
Magdalenenkloster zu Salza*), welches zur nunmehrigen Besoldung des Pfarrers
verpflichtet wurde. — Aus einem Zinsregister der Kirche von 1395 geht hervor,
dass damals an derselben gebaut wurde; sie besass einen Steinbruch und eine
Steinhütte; die Baumeister waren Günther Becherer und ein anderer, nicht
namentlich bezeichneter. Als im Gedinge angenommene Steinmeister werden genannt 1415 Peter von Varila, 1423 Hans Suytz. (J. K. Seidemann,
Gesch. der Familie Gutbier S. 31.) — Der Beginn oder die Wiederaufnahme
des Thurmbaues im Jahre 1470 wird durch eine an der südwestlichen Ecke des
Thurmes angebrachte Steininschrift bezeugt, und eine andere Inschrift über dem
Südportal des Schiffes enthält die Jahreszahl 1495. Der grosse Stadtbrand von
1506 musste den Thurmbau nothwendig wieder in's Stocken bringen, welcher dann
in Folge der schweren Opfer, die der Bauernkrieg — man rechnet 40,000 fl. an
Strafgeldern, welche die Stadt auf landesherrlichen Befehl als Busse etc. aufbringen
musste — verursachte, bis auf weiteres liegen blieb. — Am Pfingsttage 1539 wurde
die erste lutherische Predigt in der Kirche gehalten. — Die getäfelte Holzdecke
des Nonnenchores ist von 1519, die des Altarhauses von 1561 inschriftlich datirt.
Das Jahr 1590 brachte endlich die Beendigung des Thurmbaues (im Renaissance-

*) Dieses Kloster der Pönitenzschwestern (Weissfrauen) S. Mariae Magdalenae de poenitentia Augustinerordens ward 1325 von Günther von Salza in der Flur des Dorfes Merxleben gegründet und der Pfarrer an der Marktkirche zu Salza, Heinrich Keting, wurde als Vormund und Propst desselben in Aussicht genommen, und da das Kloster innerhalb des Sprengels der unter dem Patronat des Klosters Homburg stehenden Liebfrauenkirche in den Niederhöven von Salza (s. oben S. 18) errichtet war, so wurden die Angehörigen desselben durch den Abt Heinrich von Homburg von dem Pfarrzwange 1326 eximirt und der Seelsorge des Pfarrers der Marktkirche überlassen. Es ist längst spurlos verschwunden und mag schon bei der Belagerung Salza's im J. 1346 zerstört worden sein, da die Nonnen anscheinend schon 1356 das Haus bei der Markt-kirche bewohnten, welches noch gegenwärtig „das Kloster" genannt wird und ehemals durch eine Brücke mit dem Nonnenchore der Marktkirche in Verbindung stand. — An das ursprüng-liche Feldkloster scheint nur noch „der Klosterweg", eine Gasse zwischen den an der Salza be-legenen Gärten, zu erinnern.

styl) unter der Oberleitung des Bürgermeisters Jungkunz von Arnstadt*) durch
die Maurermeister Hans Friese den jüngeren, Michael Rödiger, Valentin
Himmelmann, Hans Vogel u. A. Die Bildhauerarbeit übernahm Bernhard
Köhler aus Gotha für 633 Gulden 17 gr. Den Glockenstuhl verfertigte Balthasar
Grimm von Erfurt, und dem Kupferschmied Peter Bortener daselbst wurde
der Thurmknopf und der 2,25 ᵐ hohe vergoldete, als Wetterfahne dienende, fliegende
Engel verdungen. Mit der Aufsetzung des Thurmknopfes etc. am 22. Januar 1592
war der Bau vollendet. — Im J. 1652 wurde die oberste Empore (Borkirche) der
Kanzel gegenüber erbaut, 1653 die Orgel neu erbaut und die Kirche neu gemalt
und ausgeziert. Aus den vorstehenden (für die ältere Zeit einer Abhandlung von
Hübner in den N. M. 12, 489 ff., für die spätere Zeit der Chronik von Göschel
2, 279 ff. entnommenen) geschichtlichen Notizen ergiebt sich die durch die Ungunst
der Zeiten verschuldete lange Hinschleppung des in seinen ältesten Theilen aus
dem 14. Jahrhundert stammenden und zu Ende des 16. Jahrh. eigentlich doch
nur provisorisch beendigten Kirchenbaues durch fast drei Jahrhunderte, was auch
in dem Bauwerke selbst seine Bestätigung findet.

Der Grundriss Fig. 10. zeigt, dass die Kirche aus zwei heterogenen Haupt-
theilen besteht, aus dem dreischiffigen Langhause und dem nicht in gleicher Axe
liegenden, dreiseitig aus dem Achteck geschlossenen Altarhause. Letzteres entbehrt innerlich jeder Detaillirung und hat nur eine flache, mit aufgenagelten Bret-

Fig. 10.

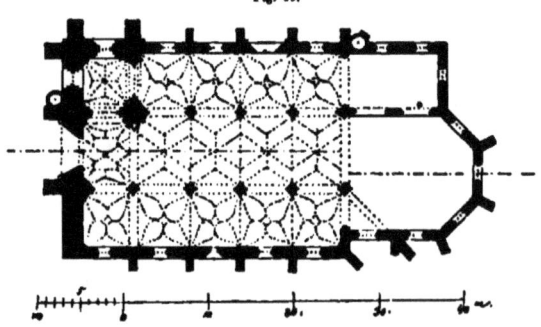

terassetten verzierte Holzdecke, die, wie eine darin befindliche Inschrift beweist,
auf Kosten verschiedener Gewerke der Stadt ausgeführt wurde, deren Embleme
(z. B. der Gerber, Fleischer, Walker etc.) dies näher erläutern. Dass ursprünglich eine Steinüberwölbung beabsichtigt war, geht aus den an der Ost- und an
der Südseite angeordneten Strebepfeilern hervor. An der Nordseite fehlen letztere,
und hier stösst die überwölbte, mit sehr kleinen Lichtöffnungen versehene Sacristei
(als Ueberrest eines älteren Baues) an. Dieselbe ist mit dem Betchor der Nonnen
des Magdalenenklosters übersetzt, welcher nur mit einer Brettdecke versehen ist

---

*) Sein ganzer Lohn bestand aus 100 Gulden, bei freier Auslösung, so oft und so lange
er in Langensalza sein musste.

und sich in zwei ehemals vergitterten Spitzbögen gegen den Altarraum öffnet und ebenmässig gegen das nördliche Seitenschiff des Langhauses der Kirche. Da der nordwestlich mit einem halb aus der Mauer tretenden runden Treppenhause versehene Nonnenchor breiter ist als die unter demselben befindliche Sacristei, so musste derselbe nördlich durch einen Spitzbogen unterstützt werden, um der Sacristei nicht das Licht zu nehmen. — Der vor dem Altar befindliche Grabstein eines 1327 verstorbenen Friedrich v. Salza an der Ehrenstelle, wo sonst nur der Gründer einer Kirche bestattet zu werden pflegte, macht es wahrscheinlich, dass dieser Herr von Salza wenn nicht als Erbauer des jetzigen Altarhauses anzusehen ist, so doch einer auf derselben Stelle früher vorhanden gewesenen älteren und kleineren Kirche.

Das Langhaus der Kirche besteht aus drei Schiffen von gleicher Höhe, deren Trennungspfeiler durch ihre Grundform (Fig. 11.) an die Frühgothik erinnern und wohl nicht jünger als aus dem 14. Jahrhundert sein

Fig. 11.

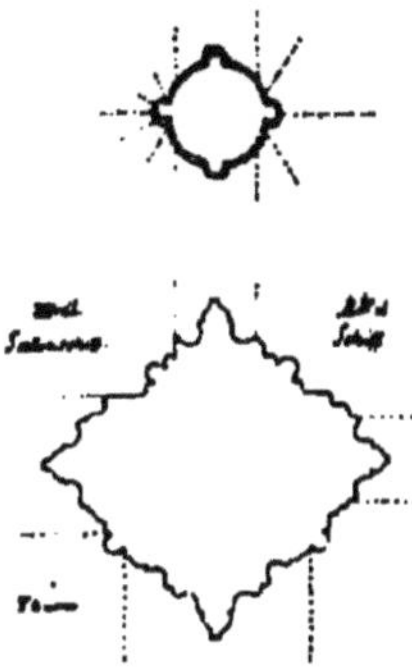

können. An den runden Kern setzen sich vier Zweidrittelsäulen als Gurtträger an, und die einfachen Sockel, sowie die friesartigen schlichten Kämpfer folgen der Gliederung der Schafte. Entschieden später ist die von diesen Pfeilern getragene Ueberwölbung, und zwar entsprechen die Rautengewölbe des Mittelschiffes der Weise des 15. Jahrhunderts, während die blumenartige Configuration der Seitenschiffüberwölbung auf das 16. Jahrhundert deutet. Die sämmtlichen Fenster sind bis auf das westlichste auf der Südseite des Altarhauses, welches viertheilig ist, durch je zwei einfache Pfosten in drei Lichter getheilt, und die Bogenfelder sind mit Maasswerk gefüllt, das meist aus rein geometrischen Elementen (mit Nasen besetzten Dreipässen, Vierpässen, Dreibogen und Vierbogen) mit seltener Einmischung von Fischblasen bestehend, mehr dem 14. als dem 15. Jahrhundert entspricht. Sonst ist das Aeussere der Kirche, die sogar eines profilirten Kranzgesimses entbehrt, so schlicht als möglich. Der Schrägesims der wegen der Unebenheit des Terrains nicht überall gleich hohen Plinthe und der Kaffsims unter den Fenstern verkröpfen sich um die Strebepfeiler. Letztere sind sämmtlich mit Giebelpultdächern abgedeckt und die am Langhause befindlichen setzen sich bei etwa dreiviertel ihrer Höhe über einem Gurtgesims ab. — Es ist anzunehmen, dass das Langhaus nach Ausführung der Arkadenpfeiler und der Sargwände, um die Kirche in gottesdienstlichen Gebrauch nehmen zu können, vorläufig mit einer Holzdecke versehen wurde, und sodann förderte man (seit 1470) den Thurmbau so weit, bis er den Seitenschub der zu errichtenden Gewölbe aufnehmen konnte, verband hierauf ohne Rücksicht auf ihre Gliederung die Arkadenpfeiler in der Längenrichtung, so wie an den östlichen und westlichen Begrenzung der Schiffe durch schlichte Spitzbogengurte, zwischen denen endlich die Gewölbe eingespannt wurden, welche am Ostende nördlich durch den Sacristeibau gesichert erschienen, während man südlich den Seitenschub der Gewölbe des Mittelschiffs dadurch abfing, dass man vom östlichen Arkadenpfeiler aus schräg durch das Altarhaus, dessen spätere Einwölbung also damals nicht mehr beabsichtigt sein konnte, einen Schwibbogen schlug, der sich äusserlich gegen einen in gleicher Flucht schräg gestellten Strebepfeiler stemmt.

Mehrere Unregelmässigkeiten in den fünf Jochen des Langhauses, von denen die des Mittelschiffes rechteckig, die der Seitenschiffe quadratisch sind, erklären sich aus der Thurmanlage. Es scheint, dass ursprünglich westlich ein breiter Doppelthurm beabsichtigt war, wofür schon die grosse Dicke der westlichen Stirnmauer von c. 2,50ᵐ sprechen dürfte; auch ist die völlig unsymmetrische Anlage des nur vorhandenen einen Thurmes, der in der Axe des nördlichen Seitenschiffes die nordwestliche Ecke der Kirche bildet, sonst nicht erklärlich. Während das südliche Seitenschiff fünf gleichgebildete Arkadenpfeiler hat und aus fünf Jochen besteht, so steht dem westlichsten Rundpfeiler dieser Reihe ein mächtiger quadratischer Pfeiler gegenüber, der über Eck gestellt eine Grundfläche von mehr als 6□ᵐ einnimmt. Aus diesem, wie aus Fig. 11 zu ersehen, reich und an den vier Ecken mit Birnstäben gegliederten Pfeiler ruhen über Spitzbögen die beiden Innenwände des Thurmes, dessen Unterbau eine nach innen offene, mit einem Sterngewölbe gedeckte Halle und zugleich das fünfte, westlichste Joch des Seitenschiffes bildet. Die über dem Fussgesims beginnende Gliederung des grossen Pfeilers setzt sich an den beiden die Thurmhalle begrenzenden Scheidbögen fort, und die beiden Fenster nördlich und westlich in den dicken Thurmmauern haben gegliederte Wandungen, während alle übrigen Fenster der Kirche an ihren abgeschrägten Gewänden der Gliederung entbehren. Aeusserlich an den Ecken ist der Thurm durch starke Mauerpfeiler verstärkt, deren an der ganz freien nordwestlichen Ecke zwei im rechten Winkel gegen einander angebracht sind. Die dadurch entstandene Winkelnische schmückt in gewisser Höhe eine Statue der Gottesmutter, unter welcher sich eine rechteckige Steintafel mit einer aus drei Zeilen bestehenden Minuskelinschrift*) befindet, die durch den löcherigen Tuff zum Theil undeutlich, zum Theil beschädigt, aber dem Sinne nach im Wesentlichen verständlich ist und besagt, dass der Thurm im J. 1470 gebaut worden ist, was sich indess nur auf Wiederaufnahme des 1346 unterbrochenen Baues beziehen kann, und auch in der Inschrift selbst angedeutet zu sein scheint, wenn überhaupt in den beiden Notizen derselben ein sachlicher und logischer Zusammenhang gefunden werden soll. — Dass man damit umging den Thurm bis zu einer bedeutenden Höhe hinaufzuführen, beweist der kräftige Grundbau. Die vier starken

---

*) Die älteste uns bekannte Veröffentlichung der Inschrift findet sich in der kleinen, selten gewordenen Broschüre „Neue und alte Geschichte des Marktthurms der Kirche zu S. Bonifacii zu Langensalza. Daselbst gedruckt bei Charlotte Magdalene Heergart 1773" und giebt folgende Lesung:

> Annis . millenis . cccc . sep . quoque . denis
> turris hec + orta: .... per. glad . Salza . o . torta.
> m . xl . tria . c . vi . ocde . ho . sexage . morti .

Göschel (1,240) lässt in der zweiten Zeile das Zeichen + weg und füllt die Lücke durch das Wort sed aus; in der letzten Zeile liesst er o et sed statt ocde. Böckner (N. M. 12,495) las i. J. 1807 die zweite Zeile: Turris hec. t. orta : sz. per gladi . saltza o . torta, und stimmt im Uebrigen mit der Broschüre von 1773 überein. Wir bemerken, dass diese Inschrift offenbar aus drei leoninischen Hexametern besteht, bei deren Scansion, wie es damals bei solchen Gedächtnissversen

Strebepfeiler auf den Ecken reichen 18 ᵐ hoch bis an die dritte Etage; sie sind
nach oben zu mit edlem Maasswerk belegt und zeigen reiche Consolen und Baldachine als Gehäuse für Heiligenfiguren, während das Mauerwerk des Thurmes,
welcher durch Gurtgesimse in drei Stockwerke abgetheilt wird, in solidester, gross-
quadriger Arbeit ganz glatt gehalten ist. Das vierte Geschoss hat jederseits ein
spätgothisches Fenster, ist aber mit Wandsäulen im Renaissancestyl besetzt, welche
„das laufende Gewehr" (wie man in Langensalza
sagt), eine überdeckte Säulengallerie tragen, die ein
achteckiges Geschoss umgiebt. Ueber letzterem steigt
mit Lucarnen besetzt, in eleganter Schweifung eine
achttheilige Haube auf, die eine Laterne und über
dieser einen schlanken Aufsatz trägt, aus dessen
Haube der Thurmknopf emporsteigt. Vrgl. Fig. 12.

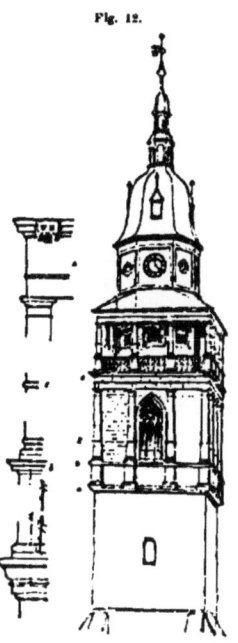

Fig. 12.

　　Reicher Schmuck entfaltet sich an dem in der
Axe des Mittelschiffes liegenden grossen Westportal
der Kirche, dessen 3,36 ᵐ breite Oeffnung durch
einen schlanken Mittelpfosten als Träger der wagerechten Oberschwelle getheilt ist, der von einem
halb achteckigen Sockel aufsteigt, darüber mit einer
Armenbüchse versehen ist, und über dieser mit einer
von zwei Consölchen getragenen Nische für eine
Heiligenfigur, die jetzt fehlt, wie überhaupt das aus
feinem, festen (wahrscheinlich Seeberger) Sandstein
sehr sauber gearbeitete Portal durch die Bilderstür-
merei des Bauernkrieges seiner ehemaligen, überaus reichen statuarischen Ausstattung verlustig gegangen ist. Das aus einer von Säulchen getragenen
Giebelstellung bestehende Obergehäuse endet in einer
mit Krappen besetzten und mit einer Kreuzblume
gekrönten Fiale unterhalb der Thüroberschwelle. Die
breiten Thürgewände bestehen aus je vier Nischen,
die über dem glatten Sockel unten eine fensterartige
Arkatur zeigen und dann bis zum Kämpfergesims des grossen Portalbogens
durch einen wagerechten Gurt in zwei Etagen getheilt sind. Die Stäbe, welche

üblich war, die Zahlbuchstaben mit ihren Namen aus dem Abc und die abgekürzten Wörter in
der Weise des Cisio Janus, so wie sie geschrieben sind, gelesen werden müssen, also:

　　　　Annis / mille /nis c/ccc / sep. quoque / denis
　　　　Turris / hec. t. or. / ta sed / per gladi. / Salza. o. / torta
　　　　M x/1 tria / c. vi / ocde. ho. / sexagi. / mortvi.

d. h. Annis millenis cccc septem quoque denis (1470) turris haec est orta, sed per gladium
Salza o (? omnis, torta MXL tria c (= ɛɛɛ) VI (1346) octodecim homines sexagies mortui (sunt),
oder zu Deutsch: Im Jahre 1470 wurde dieser Thurm errichtet, aber im Jahre 1346 wurde ganz Salza
durch's Schwert niedergeworfen und 18 Schock Menschen blieben todt. Die Verse sind in ihrer
Art soweit prosodisch richtig, nur das (anscheinlich ganz deutliche) o. hinter Salza nnd das
kurz gebrauchte a in dem Worte sexagi. sind fehlerhaft; mortui muss zweisylbig (mort-vi.)
gelesen werden, um den Reim mit vi (= 6) herauszubringen.

die Nischen besäumen, tragen in der Unteretage über Capitälchen und ent-
sprechenden Consolen Frauenschuhe, deren mit Krappen besetzte Schenkel
sich kreuzen, in der Oberetage Wimbergen. Am Thürbogen setzt sich die
Nischengliederung fort, ebenso die Quertheilung durch radiante Wimbergen,
welche den drei umlaufenden Reihen von je zwölf Statuen als Baldachine dienten.
Zieht man in Erwägung, dass auch die das Portal begrenzenden Wandpfeiler der Kirche
den Thürgewänden entsprechend mit je zwei Nischen über einander versehen sind, so
ergiebt sich, dass, was die Fülle des statuarischen Schmuckes anbetrifft, unser
Portal sich mit den am reichsten ausgestatteten der deutschen Gothik zu messen
im Stande war. Vgl. Fig. 13.*) — Minder reich als das besprochene ist das Portal

Fig. 13.

an der nördlichen Langseite der Kirche. Es nimmt in der Breite die ganze Wand-
fläche zwischen zwei Strebepfeilern ein, die reiche Gliederung der Gewände geht

---

*) Ueber das Relief des Thürbogenfeldes s. unter: Sculpturen, S. 33.

in die Schenkel des Spitzbogens über, das Tympanum enthält ein Relief, der Thür-
sturz ist wagerecht, der Durchgang durch einen Pfosten getheilt, und an letzterem
ist unten auf einer Console ein Steinkästchen als Armenbüchse und weiter oben
unter einem reichen Baldachin eine Statue angebracht; zwei andere Statuen stehen
rechts und links neben dem Portal auf Consolen an den Flanken der Strebepfeiler.
Zum Schutze des Portals gegen die Witterung sind letztere hoch oben durch einen
stark gedrückten Spitzbogen verbunden und vom Kirchendache aus durch ein
Schleppdach abgedeckt. — Von den übrigen unbedeutenden, zum Theil jetzt vermauerten Thüren ist wegen ihrer inschriftlichen Datirung von 1495 nur die in das
südliche Seitenschiff führende zu erwähnen; über derselben steht auf einem Stein
in Minuskeln:

anno . domini . millesimo .
quadringentesimo . no
nagesimo . quinto . . . . . .
. . . . . post . . . .
. . . .

Die Gewändegliederungen der zuletzt erwähnten Portale, sowie einige Profile von
der Westfront s. in Fig. 14.

Fig. 14.

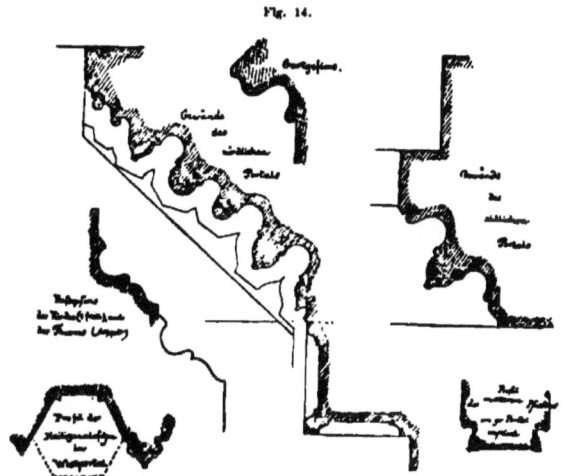

Die Maasse der Kirche sind:

Länge des Langhauses: 34,2^m } Verhältniss 1 : 1,4.
Breite „ „ : 24,5^m }

Breite des Mittelschiffes: 7,5^m
„ „ sdl. Seitenschiffes: 6,5^m
„ „ nördl. „ : 6,2^m

Von den 5 Jochen des Schiffes ist das dem Thurme zunächst befindliche etwas
grösser als die übrigen.

Länge des Altarhauses in Mauern: 15,7^m ⎫
Weite desselben . . . . . . : 13 ^{m} ⎬ Verhältniss 1 : 1,2.

Der Nonnenchor ist in Mauern 11,7^m lang und 7,4^m breit. Die ganze Länge der
Kirche beträgt rund 50^m, die Höhe der Langhauswände (excl. Plinthe) 14^m.
Der Thurm ist nach der im J. 1846 vom Verf. ausgeführten trigonometrischen,
mit früheren Vermessungen übereinstimmenden Messung 287 F. sächs. = 258 F. rhl.
= 81^m hoch, also der höchste in ganz Thüringen.

In Fig. 15 sind die an der Kirche vorkommenden Steinmetzzeichen dargestellt, von denen sich das erste an der Console der Heiligenstatue am Theilungs-

Fig. 15.

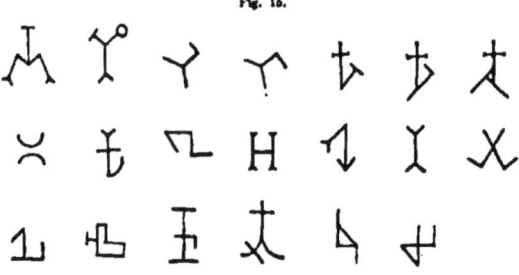

pfosten des nördlichen Portals befindet, das zweite an einer augenfälligen Stelle
am Westportal, wo am Mittelpfosten nur ein leer gelassenes Schildchen (für das
Meisterzeichen) eingehauen ist.

Das Innere der Kirche wurde 1862 restaurirt. Der Altar von 1731, die
Kanzel und der Taufstein sind zopfig. — Eine Restauration des Thurmes fand
1873 statt.

Sculpturen. Bei der bereits oben erwähnten, muthwilligen Zerstörung
der etwa funfzig Sandsteinfiguren, die den reichen Schmuck des Westportals bildeten, durch die fanatischen Anhänger Thomas Münzer's, welcher in dem nahen
Mühlhausen die obrigkeitliche Gewalt an sich gerissen hatte, ist glücklicherweise
„das Marienbild" verschont geblieben, eine Statue aus dem härtesten Kalktuff, die
sich aus der vorspringenden nordwestlichen Thurmecke zwischen den beiden
grossen Strebepfeilern herauswickelt und von vortrefflich malerischer Wirkung
ist. Die Nische, in welcher die Figur auf einer von zwei schlichten Consolen getragenen Platte übereck steht, ist an den Seiten reich gegliedert und geht oben in
zwei geschweifte, mit Krappen besetzte Spitzbögen aus, die von einer Eckfiale getrennt und von zwei andern flankirt werden. Die Mutter Gottes von gedrungener
Gestalt, mit der Krone auf dem etwas nach rechts geneigten Haupte und mit aufgelöstem Haar, blickt nieder nach dem ganz nackten und steif ausgestreckten Kinde,
das sie mit dem linken Arm vor sich hält, und dessen Füsschen sie mit der rechten Hand umfasst: eine Pose, als sei sie im Begriff, das starre Kind einzusargen.
Der reiche Faltenwurf ihres Gewandes ist natürlich geordnet. Die unterhalb der

Nische und über der S. 28 erwähnten, übereck tableauartig angebrachten Inschrift-
tafel befindlichen Figuren sind bis zur Unkenntlichkeit beschädigt; man will darin
vier Engel oder die vier Evangelistenzeichen erkennen. Ueber der Nische stehen
auf Consolen an den Pfeilerflanken neben einander zwei männliche Figuren in
langen Gewändern, barhaupt und mit verschränkten Armen. An den Strebepfeilern zu beiden Seiten des Nordportals finden sich zwei Figuren, die man als Kirchen-
väter bezeichnet. Am Mittelpfosten des Portales ist die Statue des Titelheiligen
der Kirche, St. Bonifacius, aufgestellt, und eine andere kleinere Bonifacius-Figur
ist im Innern der Kirche dem Westportal gegenüber an einem Zwischenbogen für
die Orgel in einer Wandnische angebracht, mit der Minuskelinschrift:

ano. m. cccc. lxxxii in octava. f. laurentij. f. bonifacius.

Alle diese Figuren sind gut und kräftig ausgehauen und die Gewänder sind
naturgemäss behandelt.

Von grösserem ikonographischen Interesse sind die beiden Reliefs in den
Thürbogenfeldern des westlichen und des nördlichen Portales. Das ziemlich unversehrt gebliebene Relief des Westportales (s. Fig. 13, S. 30.) stellt das jüngste Gericht
dar und zwar, wie bei den dramatischen Vorstellungen des Mittelalters, in drei
Etagen übereinander. Unten erstehen die Todten aus den geöffneten Gräbern.
Rechts (im Bilde) umgeben conventionell gebildete Wolken eine mit Eisenbändern
beschlagene Spitzbogenthür, die Pforte des Himmels, die der h. Petrus aufzu-
schliessen im Begriff steht für die einziehende Schaar der auferstandenen Seligen,
die sich bis über die Mitte des Bildes erstreckt. Dann folgt nach links vorschreitend
der Erzengel Michael, der mit erhobenem Schwert die fliehenden Verdammten in
den weit offenen, scharf gezähnten Höllenrachen treibt. Oben wird diese Unteretage von einem Eichenblattfriese begrenzt, und die zweite Etage nehmen die
zwölf Apostel ein, die in langer Reihe, meist paarweise einander zugewendet,
neben einander sitzen. Ueber ihnen scheidet eine Leiste die zweite von der
obersten Etage, in deren Mitte der gekrönte Weltrichter in einer Mandorla thront:
vor ihm knieen auf Wolken mit erhobenen, an einander gelegten Händen betend,
rechts eine weibliche, links eine männliche Figur, wie angenommen wird, Maria
und Jesus. *) Hinter letzteren schliesst je ein fliegender Engel, der auf der Tuba
bläst, die Darstellung ab. — Das über dem Nordportale befindliche, in Tuffstein
kräftig ausgeführte, fast unversehrte Relief bringt die drei Kreuze auf Golgatha in
figurenreicher Darstellung zur Anschauung. Das Kreuz Christi in der Mitte zeigt
einige bemerkenswerthe archaistische Motive: der Gekreuzigte, mit Dornen gekrönt
und mit dem Lendentuche gegürtet, ruht nämlich mit beiden Füssen, die mit zwei
Nägeln an den Kreuzesstamm geheftet sind, auf einer Console; die Arme sind
mehr wagerecht ausgebreitet und der Kopf reicht weit in den oberen Kreuzschenkel
hinauf. Das Kreuz selbst hat eine Basis und trägt oben statt des Titulus das
Nest des Pelikans, der seine Jungen mit dem eigenen Blute nährt. Links oben

---

*) Am Westportale der Lorenzkirche zu Nürnberg, wo das Tympanon fast dieselbe Dar-
stellung enthält, thront, wie es ja auch nach der heil. Schrift richtig ist, Christus selbst auf
dem Richterstuhle, und die betenden Gestalten zu seinen Füssen können dann nur die Stifter
oder Donatoren sein, wenn nicht etwa Moses und Elias.

Fig. 16.

1. Orn.	**2.** Wappen mit Monogr. u. B. g.	**3.** S. Antonius.	**4.** —1519.—	**5.** S. Bruno.	**6.** Wappen der Stadt Salza.	**7.** Orn.
8. Wappen der Malerzunft.	**9.** Jesus als Kind.	**10.** Bischof mit Kelch.	**11.** Wappen (Auferstehung) u. g. f.	**12.** S. Martinus.	**13.** Wappen (ein Ast m Traube) u. f. g.	**14.** Orn.
15. Orn.	**16.** Orn.	**17.** S. Stephanus.	**18.** Wappen (Baum mit Schlange) u. A. D.	**19.** S. Nicolaus.	**20.** Orn.	**21.** Orn.
22. Orn.	**23.** Wappen (ein Falke) u. I. B.	**24.** S. Ursula.	**25.** S. Margaretha.	**26.** S. Gereon.	**27.** Wappen (eine Kette) u. g. b.	**28.** Orn.
29. Orn.	**30.** S. Bonifac.	**31.** MARCVS.	**32.** S. Augustinus.	**33.** LVCAS.	**34.** Orn.	**35.** Wappen (Arm mit Dolch).
36. Orn.	**37.** Orn.	**38.** Orn.	**39.** CHRISTVS als Lamm.	**40.** Wappen (Widderhorn) u. g.	**41.** Orn.	**42.** Orn.
43. Orn.	**44.** Orn.	**45.** MATTH.	**46.** Sächs. Wappen u. W.	**47.** IOHANNES	**48.** Orn.	**49.** Orn.
50. Orn.	**51.** Orn.	**52.** Orn.	**53.** Ritter z. Pferd u. Thür.-Fahne.	**54.** Chursächs. Wappen u. g.	**55.** Orn.	**56.** Orn.
57. Orn.	**58.** Orn.	**59.** Eine Weissfrau.	**60.** S. Maria Magdalena.	**61.** Eine Weissfrau.	**62.** S. Bartholomäus.	**63.** Orn.
Treppenhals.		**64.** Orn.	**65.** Orn.	**66.** Orn.	**67.** Orn.	**68.** Orn.

weist die Hand Gottes aus dem Thürbogenrande hinab; über dem Christuskreuze schweben zwei Engel, Rauchfässer schwingend; über dem Kreuze des reuigen Schächers zur Rechten ein tröstender Engel, um dessen Seele in das Paradies zu führen, links über dem unbussfertigen Schächer ein gierig nach ihm langender Teufel. Unter dem Kreuze des Herrn stehen rechts Maria und Magdalena, beide verschleiert, links der Evangelist Johannes: beide, die Mutter des Herrn und der Jünger durch Baldachine ausgezeichnet. Die linke Seite des Bildwerks nimmt unten eine Gruppe von Juden mit Spitzhüten ein, die auf Horninstrumenten blasen; rechts beim Kreuze des reuigen Uebelthäters steht, den Hut auf dem Haupte und mit der Rechten den Schwertgriff fassend, der heidnische Hauptmann, der seine linke Hand auf den Kopf eines Kindes legt; er war nach der Legende blind und wurde durch das herabfliessende Blut Christi geheilt: das Kind stellt daher höchst wahrscheinlich den Führer des Blinden vor. (Vrgl. v. Quast und Otte, Zeitschrift II. S. 36.) Ein Baumstamm füllt der Symmetrie halber den noch leer gebliebenen Raum zur äussersten Rechten aus.

Malereien. Der Nonnenchor über der hier im Mittelalter Gerbehaus (1397) oder Gerhaus (1427) genannten Sacristei hat eine aus flachen Brettcassetten bestehende, bemalte Felderdecke. Zwischen den kräftig gekehlten Rahmen ist ein weisser Kreidegrund aufgetragen, auf welchem die Contouren von Heiligen-Bildern, Wappen und phantasievollen Renaissance-Ornamenten in schwarzen Linien von sehr geschickter Meisterhand vorgemalt und demnächst wohl von Gehülfen in Farben ausgeführt sind. Wir geben zunächst das Schema des Ganzen Fig. 16.

Die Decke ist also in 10 × 7 = 70 Felder getheilt, die mit Ausnahme der aus Quadraten von 0,9ᵐ Seite bestehenden beiden östlichsten Reihen, Rechtecke von 0,9 × 1,1ᵐ bilden. In der westlichsten Reihe sind nur 5 Felder (mit Ornamenten) enthalten, den Raum der beiden übrigen nimmt der ebenfalls bemalte Brettverschlag in Anspruch für eine Holztreppe, die im Anschlusse an die S. 27. erwähnte steinerne Wendelstiege auf den Dachboden führt. Im einzelnen ist der Inhalt der Felder, mit Auslassung der 33 (resp. 35, also gerade die Hälfte) blossen Ornamentfüllungen, nach den Nummern unseres Schema's folgender:*)

Nr. 2 ein Wappenschüldchen mit dem Monogramm ☒ und den beiden Minuskeln ■ ♭; es dürfte nicht ohne Berechtigung sein, ⟨⟩ mit Rücksicht auf die vorzügliche Arbeit, auf die beiden Anfangsbuchstaben und auf die Jahreszahl 1519 im 4. Felde hierbei an Matthäus Grunewald zu denken, der bekanntlich in Sachsen und Thüringen gerade um diese Zeit viel beschäftigt war; doch bleibt es fraglich, ob sich Monogramm und Initialen überhaupt auf den Maler der Decke beziehen sollen.

3. ein Heiliger mit einer lauernden Teufelsfratze zur Seite: S. Antonius.

5. ein Heiliger im Mönchsgewande, der mit der Rechten ein Crucifix vorhält, wahrscheinlich der erst wenige Jahre zuvor (1514) kanonisirte Thüringer Bruno von Querfurt.

6. das Langensalza'er Stadtwappen: drei weisse Thürme im rothen Felde.

8. das bekannte Wappen der Maler- (Schilderer-) Gilde: 3 leere weisse Schildchen im rothen Felde.

9. der völlig nackte, an dem mit einem Lilienkreuz belegten Nimbus kennt-

---

*) Fig. 17 giebt 12 ausgewählte Felder als Probe der Ausführung.

liche Jesusknabe, auf einem Kissen sitzend. Er hält ein offenes Buch in der
Rechten, aus dem er mit erhobener Linken zu lehren scheint. Auf einem sich

Fig. 17.

oben entfaltenden Spruchbande steht in Minuskeln:

hellig bꝛ ich genannt alle demütige hertzen wolbekannt.

10. ein Bischof mit einem Kelche in der linken Hand.

11. ein Wappenschild mit einem weissen Medaillon, darin die Auferstehung Christi und darüber die Minuskeln **s t**.

12. S. Martinus, im Costüm eines Kurfürsten zu Pferde, seinen Mantel theilend, und hinter ihm ein hinkender Krüppel.

13. ein rother Wappenschild mit einem kahlen Ast und den Minuskeln **r s**.

17. S. Stephanus in reicher Dalmatika mit der Martyrpalme und mit Steinen auf einem Buche, der Titelheilige der Bergkirche.

18. ein Wappenschild, worin ein Baum mit darum gewundener Schlange, zur Seite die Buchstaben **T D**.

19. Bischof S. Nicolaus mit Broden auf dem Buche, der Schutzheilige der Stadt.

23. ein blauer Wappenschild mit einem die Flügel erhebenden Vogel und den Buchstaben **t m**.

24. S. Ursula mit Pfeilen in der Hand, umgeben von der Menge der 11000 Jungfrauen.

25. S. Margaretha mit Kreuzstab und Drachen.

26. Ritter S. Gereon mit der Fahne, in Begleitung seiner Gefährten aus der thebaischen Legion.

27. ein rother Wappenschild, darin eine weisse Kette und die Buchstaben **h k**. Heinrich Keting hiess der erste Propst des Klosters um 1325; s. oben S. 25.

30. S. Bonifacius mit durchstochenem Buche, der Patron der Kirche.

31. der Evangelist Marcus.

32. S. Augustinus mit dem vom Pfeile der göttlichen Liebe durchbohrten Herzen. Das Kloster war Augustiner-Ordens.

33. der Evangelist Lucas.

35. ein Wappenschild mit einem Ritterarm, der einen Dolch hält; Helmkleinod 2 nach oben gerichtete Arme.

39. Das Lamm Gottes.

40. Wappen der Herren von Salza, ein weisses Widderhorn im rothen Felde, und die Minuskel **g**. Günther von Salza hatte 1325 das Kloster gestiftet.

45. der Evangelist Matthäus.

46. vier sächsisch-thüringische Wappenschilde rings um ein als Centrum dienendes Ornament, nebst dem Buchstaben **W**: (?) Herzog Wilhelm III. † 1482.

47. der Evangelist Johannes.

53. ein Ritter zu Pferde mit der thüringischen Wappenfahne.

54. das sächsische Wappen mit dem Buchstaben **g**: (?) Georg der Bärtige, 1500—1539.

59. eine Weissfrau, alba domina, des Mar.-Magdal.-Klosters.

60. S. Maria Magdalena mit der Salbenbüchse.

61. eine Weissfrau des Mar.-Magdal.-Klosters, von 2 Weissfrauen begleitet.

62. ein Heiliger mit einem Messer: (?) S. Bartholomäus.

Aus dieser Uebersicht und dem Schema der Decke ergiebt sich, dass, was freilich nur durch die bereits oben S. 35 erwähnte ungleiche Höhe der Felderreihen zu ermöglichen war, das Lamm Gottes (Nr. 39.) räumlich (und inhaltlich) den Mittelpunkt bildet, den in diagonaler Richtung die vier Evangelisten (in Nr. 31, 33, 45 und 47) umgeben. Sonst bemüht man sich vergeblich, irgend eine Symmetrie der Felder herauszubringen. Dagegen gehören inhaltlich einzelne Gruppen von Feldern offenbar zusammen, z. B. 24 und 26, S. Ursula und S. Gereon, die auch sonst correspondirend dargestellt werden; No. 59, 60 und 61 S. Maria Magdalena und die Nonnen ihres Klosters; auch, wenn man die Beziehung von Nr. 2 auf den Maler der Decke einräumen will, Nr. 2. und das Malerwappen Nr. 8.

An dem Treppenverschlage unten ist ein anscheinend irgend einer Legende entlehnter Vorgang gemalt. Die Darstellung zerfällt in zwei verschiedene Scenen. Oben hinter einem gedeckten Tische mit einem Speiseteller, Brödchen und zwei leeren Gläsern ein König mit einem goldenen Becher in der rechten Hand und rechts neben ihm eine jugendliche Dame mit weissem Kopftuche. Im Hintergrunde sieht man einen Palast mit viereckigen Glasfenstern, Schieferdach und Zickzack-

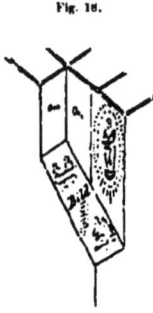

Fig. 18.

fries. Vorn im Bilde giesst ein Diener Wasser aus einer Gelte über eine nach unten führende Freitreppe hinab auf die Strasse. Am Fusse der Treppe kniet ein scheinbar erblindeter Pilger mit Muschelhut; er hält einen beschriebenen Zettel in der Hand, den ihm eine Jungfrau mit geflochtenem blonden Haar überreicht. Hinter letzterer stehen ein Papst mit dreifacher Krone und Kreuzstab, ein Prälat oder Cardinal und ein König — dem Porträt nach derselbe, wie der oben tafelnde. — Auf der trapezförmigen Fläche des Verschlags ist in einer Strahlenaureole Maria auf silberner Mondsichel stehend dargestellt. Die noch übrigen leeren Flächen sind mit einem reichen Blumenstrausse in einer Vase und mit Ornamenten geschmückt. Fig. 18. veranschaulicht das Arrangement.

In der Kirche befinden sich 5 Oelgemälde: Christi Taufe, Johannis Enthauptung, Christus am Oelberge, Christi Kreuzigung und Grablegung — aus dem 15. Jahrhundert; ferner ein Bild Herzogs Moritz von Sachsen.

An bemalten Schnitzwerken sind aus dem säcularisirten Augustinerkloster übernommen: Zwei Reliefs, die sich auf die h. Anna und ihre Sippe beziehen; an dem einen befindet sich ein Flügel mit S. Katharina und S. Johannes Ev.

Grabdenkmäler. Vor dem Altare liegt ein Leichenstein, aus einer Tuffplatte bestehend, mit einem Ritterbilde in blossen Conturen (Fig. 19) und der Majuskelumschrift:

✠ ꓲꓲRꓲꓲO . DOꓲꓲRꓲ . ꟽ . CCC . XXVꓲꓲ . XVꓲ . KL . ꟽꓲꓲRCꓲ . OBꓲꓲT . Dꓲꓲ⁹ .
FRODERꓲꓲꓲ⁹ . Dꓲꓲ . SꓲꓲLZꓲꓲ .

Der Verstorbene steht unter einer Kleebogenarkade; er trägt den mit einem Zackenreif umgebenen freiherrlichen Hut, ein bis zu den Füssen reichendes Gewand mit langen, eng anliegenden Aermeln und einen mit (heraldisch angedeutetem) Pelzwerk besetzten Mantel. Mit der Rechten hält er das lange Schwert abwärts vor sich, welches durch den Schild, auf den sich die linke Hand stützt, grösstentheils verdeckt ist.

Auf dem Schilde ist ein gezacktes Widderhorn, das Wappen des Geschlechts von Salza, dargestellt *).

Fig. 19.

Ausserhalb der Kirche:

An der Rückwand der Sacristei ist ein zum Theil verwitterter Sandstein-Grabstein eingemauert, auf welchem ein mit dem Schwert umgürteter Ritter in kurzem Wappenrock dargestellt ist. Von der Minuskelinschrift ist nur noch zu lesen: **annɪ . dɪmini . m . ccc . lxxxvii / in vig........ requiescat in pace.**

Neben dem nördlichen Portal der Kirche, rechts in geringer Höhe über dem Sockelgesims, befindet sich in zwei Zeilen von ungleicher Länge, deren jede mit einem dreiblätterigen Zweige schliesst, folgende Inschrift in Minuskeln:

anno . dom. . m⁰ . cccj. . vij. . ftij . ionij . obiit . latherina . via . hermanj .

Sebeɗis . hie . sepolta . roj⁹ . aia . requiescat . in . sacta . pace . amen .

Für vɪa (= vidua) hat Böckner (N. M. 12, 500) ltta gelesen und „legitima" (uxor) erklärt.

---

*) So findet sich das Wappen auch auf zwei anderen noch älteren Grabsteinen von 1308 und 1322 in der Bergkirche (s. unten Fig. 32, 33), auch gemalt (weiss im rothen Felde) an der Decke des Nonnenchores (oben Fig. 17 Nr. 40), und hiermit übereinstimmend richtig angegeben bei Albinus und Hönn, mit einem Pfauenschweif als Helmschmuck. Spätere Chronisten, irre geführt durch die weit ausgreifenden Zacken des Widderhorns, erklären letzteres für einen Adlerflügel (weiss im rothen Felde), und in der im 18. Jahrh. gemalten Kirche der Deutsch - Ordenscommende Griefstedt erscheint fälschlich auf dem Wappen des Hochmeisters Hermann von S. (s. oben S. 19) ein goldner Adlerflügel im rothen Felde. — Siebmacher und Schannat geben ganz andere Wappen derer v. Salza, die sich nicht auf das thüringische Geschlecht beziehen.

In der Kirche befinden sich die Epitaphien des Ritters Diterieus de Schleinitz 1567 und des Nicolaus Höpfner, des letzten Abts zu Kloster Homburg, der als Bürgermeister von Langensalza 1581 starb. Er war verheirathet und hatte in seiner 36jährigen Ehe elf Kinder gezeugt. (Vgl. die Grabschrift bei Göschel 2, 179.)

Endlich: Schild, Helm, Handschuhe und Sporen des Wolf von Marschall, Oberhauptmanns von Thüringen, † 1643.

Die Kirchenornate wurden im Mittelalter im Gerhause in einem grossen, in vier Theile getheilten Schranke aufbewahrt; dabei befanden sich im J. 1427 „7 silberne, vergoldete Kelche, gross und klein, die hat der Kirchner, und 3 Kelche, die haben die Altirmann in dem Schranke; 5 seidene Kissen, da man Heilige aufsetzt: 4 Chorkappen, da die Jungen Kerzen inne trugen u. a." (J. K. Seidemann, Gesch. der Familie Gutbier S. 31). — Im J. 1677 schenkte der Apotheker Chr. Döring den grossen messingenen Leuchter. — Im J. 1715 verehrte Herzog Christian einen grossen Abendmahlskelch nebst dazu gehöriger Patene und einen etwas kleineren.

Auf dem „Marktthurme", wie der Thurm der Kirche genannt zu werden pflegt — unter „der laufenden Wehr" hängen vier Läuteglocken, von 1,88, 1,66, 1,14, 0,57 ᵐ Durchmesser. Die grosse Glocke, eine der grössten in Thüringen, und die darauf folgende sind von Eckard Kuchen in Erfurt, „in nomine Dei Patris et Filii et spiritus sancti" 1564 gegossen.

Die dritte, die sog. Bierglocke, ist 1504 gegossen und hat in zwei oberen Zeilen die Umschrift in Minuskeln:

maria heis ich in Sant anna ere lut ich heinrich ciegeler gos mich im jor m vc iiii (1504).

Die vierte, das sog. Pimperglöckchen, ist 1739 gegossen.

Die grössere Schlagglocke, nur mit Lebensgefahr zu erreichen, ist 1592 von Eckard Kuchen in Erfurt gegossen; die Viertelstundenglocke ist anscheinend sehr alt und hat keine Schrift. Die nach vier Seiten mit Zifferblättern versehene, auch den Mondwechsel anzeigende und im Wesentlichen noch jetzt im Betriebe befindliche Thurmuhr ist 1612 von Volkmar König, einem jungen Uhrmacher aus Greussen, verfertigt worden.

Das nordöstlich bei der Kirche belegene ehemalige Kloster ist an seinem westlichen, nach der Strasse gekehrten, schmuckreichen, in eine Kreuzblume ausgehenden, spätgothischen Giebel mit einem Relief geschmückt, welches Christus am Kreuze mit Maria, Johannes und Maria Magdalena darstellt und mit der Minuskelumschrift:

anno . dmi. / m . cccc . xxxix . ili / . . . . februarii

versehen ist. Das Gebäude, welches nach der Aufhebung des Klosters 1546 zuerst eine Mädchenschule, dann das Rentamt etc. aufnahm, wird gegenwärtig von dem Archidiaconus der Marktkirche bewohnt.

II. Die Stephanskirche.

Die Kirche S. Stephani, wegen ihrer hohen Lage gewöhnlich die Bergkirche (ecclesia S. Stephani in monte) genannt, soll (nach Göschel 1, 136) im J. 1190 gegründet worden sein. Damit stimmt sehr wohl überein eine Urkunde von 1196

(Regesten der Familie v. Salza. Lpz. 1853. S. 34 Nr. 14), in welcher Herzog
Heinrich von Sachsen, der älteste Sohn Heinrichs des Löwen, den Grund
und Boden und das Patronat der Kirche S. Stephani in Salza dem Kloster Homburg zum Geschenk macht und dadurch dem letzteren auch in diesem speciellen
Fall die Schenkungen seines Vaters (s. oben S. 17 f.) bestätigte, wie er es durch eine
andere Urkunde von demselben Jahre (N. M. VII. 452 No. 13) im allgemeinen
that. Man darf annehmen, dass die älteste Pfarrkirche S. Mariae nach Verlegung
des Dorfes auf eine neue Stelle (oben S. 18) nicht mehr ausreichend war, und
dass aus diesem Grunde das Kloster Homburg die für die Eingepfarrten be-
quemer gelegene Bergkirche errichtete. Nachdem nun aber das Dorf Salza 1212
zur Stadt erhoben und mit einer Mauer umgeben war (oben S. 19), hatte man
letztere so gezogen, dass die Bergkirche mit ihrer Umgebung (die spätere Neustadt)
ausgeschlossen blieb: sie wird daher in einer Urkunde von 1303 (N. M. VIII. 2.108)
als „ausser den Mauern" belegen bezeichnet. Erst nach Hinausrückung der Mauern
1356 (oben S. 20), als man die neue Mauer, um die Neustadt mit einzuschliessen,
dicht hinter dem Kirchhof S. Stephani vorbei aufführte, musste diese Bezeichnung
aufhören, und die Bergkirche war nun die Pfarrkirche der Neustadt, während die
Parochie der wohl erst nach 1212 entstandenen Marktkirche die Altstadt umfasste. —

Fig. 10.

Ueber den ersten Kirchenbau selbst mangeln die Nachrichten; der älteste
in der Kirche vorhandene Grabstein ist von 1308, und aus dem Jahre 1339
ist die Stiftung zweier Altäre (S. Nicolai und S. Andreae) urkundlich be-

zeugt; sodann wird der Beginn eines Neubaues im Jahre 1394 durch eine Inschrift am Südportale der Kirche bekundet; inwiefern etwa die Einäscherung der Stadt im J. 1346 denselben nothwendig gemacht hatte, erfahren wir nicht. Im J. 1415 wird ein Altar der Jungfrau Maria erwähnt, ebenso ein Altar Corporis Christi, und 1470 wurde am Altare der heil. drei Könige „zur rechten Hand vor dem Chore" eine neue Vicarie gestiftet und reich ausgestattet.

Ein wichtiger Umstand in der Geschichte der Bergkirche ist die Vereinigung derselben mit dem Collegiatstifte S. Petri und Pauli, welches, 987 von Erzbischof Willigis von Mainz gegründet, zu Dorla bestanden, aber daselbst durch Räubereien und Brandschäden viel zu leiden gehabt hatte. Die Uebersiedelung nach Salza, welche auf Antrag des Stiftscapitels geschah, kam mit Genehmhaltung sämmtlicher geistlichen und weltlichen Oberen 1472 zu Stande. Das Kloster Homburg gab seine Rechte auf die Stephanskirche zu Gunsten des Stifts auf, aber Herzog Wilhelm von Sachsen bedang sich in seinem Bewilligungsbriefe das Besetzungsrecht der Pfarrstelle aus.

Im Jahre 1491 wurde bei der Kirche eine Kapelle S. Michaelis auf Kosten des Pepelin Schiefer (oder Schiefer) und der Fronk Lur (= Veronica Laur) gebaut. Dieselbe wurde 1739 abgetragen, und die Steine verwandte man bei Erbauung des herzogl. Gartenpalais „auf dem Teiche". Beim Abbruch fand sich ein Sandstein mit einem weiblichen Brustbild und mit der über die Stifter Auskunft gebenden Minuskelinschrift:

> Anno Dui. mcccclxxxxi had pepelin* schiefer
> mit hilf fronk lur dies capel ein glaubig
> ju clef*) und trost gebauet.

Im Jahre 1535 wurde die Sacristei der Kirche erbaut.

Als nach dem Tode Herzogs Georg des Bärtigen unter Melanchthons Leitung 1540 die erste evangelische Kirchenvisitation in Langensalza gehalten wurde, wurden die Stiftsherren auf den Aussterbe-Etat gesetzt. Der Gemeindegottesdienst wurde in die Augustinerkirche verlegt, und die Bergkirche blieb bis 1558 geschlossen. Sie war inzwischen zum evangelischen Gottesdienste eingerichtet worden, und die Einweihung fand am 2. Pfingstfeiertage 1558 statt.

Im Jahre 1753 machte man sich an eine Renovirung und Verzierung des Innern der Kirche und wusste demselben durch „Ausbrechung der Kirchenfenster mit den steinernen Gewänden und kleinen Scheiben, an deren Stelle grosse Tafeln, die Fensteröffnungen selbst aber (im Altarhause) weiter herunter gebrochen wurden", mehr Licht zu verschaffen (Göschel 4, 90). — Damals geschah es auch wahrscheinlich, dass man die Gänge zwischen den Gestühlen mit den alten Leichensteinen beplattete, wodurch sowohl das Abtreten der letzteren durch die Füsse der Leute herbeigeführt wurde, als auch ein recht unangenehmes und unsicheres Gehen auf diesem unebenen Boden.**)

---

*) Statt des nicht zu erklärenden clef liest Göschel 2, 75 clsi und 4, 79 clsi; beides ist ebensowenig zu erklären. Vielleicht ist t'lef (= Erlösung) das richtige. Sonst lautet die gewöhnliche Formel „zu hilfe und trost."

**) Ueber die Geschichte der Kirche vergl.: Hübner, die Kirche S. Steph. zu Langensalza vor der Reformation, in den N. M. X. 2, 223—236.

Ein Blick auf die Ansicht (Fig. 20.) und auf den Grundriss (Fig. 21.) der Kirche zeigt, dass das Gebäude aus zwei disharmonischen Theilen besteht, aus dem kahlen Bruchstein-Hochbau des Mittelschiffes mit seinen im Stichbogen gedeckten, nicht lothrecht über den unteren Fenstern stehenden Oberlichtern, der sich weiter nach Osten in derselben Flucht bis zum halbachtseitigen Schlusse als Altarraum fortsetzt, und aus den reich behandelten, rechteckig schliessenden, niederen Seitenschiffen. Letztere bestehen aus je fünf Abtheilungen, welche von Strebepfeilern

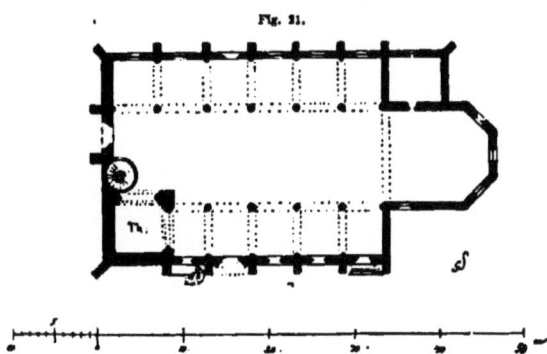

Fig. 21.

begrenzt und mit kleinen Giebeldächern gedeckt sind. Die Strebepfeiler sind mit freiaufsteigenden Kruppenfialen gekrönt, deren die Wasserspeier enthaltenden Leiber durch eine aus lauter Vierpässen componirte Gallerie verbunden sind. Hinter derselben steigen die Giebelfrontons auf, deren in abgesimste Stufen getheilte Schenkel oben mit einer Kreuzblume geschmückt sind. — Das Hauptportal der Kirche befindet sich an der reicher, als die weniger gesehene Nordseite ausgestatteten südlichen Langseite in einem besonderen zwischen zwei dazu gezogenen

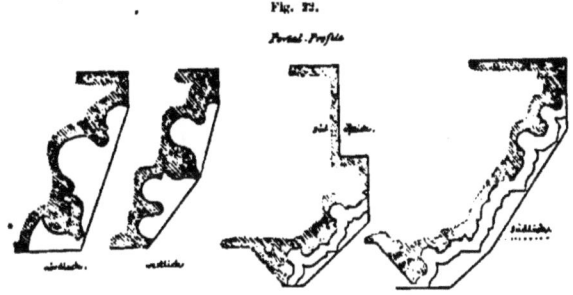

Fig. 22.

Portal-Profile.

Strebepfeilern angebrachten Vorbau, der oben wagerecht abschliesst und mit einer Dachgallerie versehen ist. Das wohlproportionirte Portal ist im Tympanon mit

angeblendetem Maasswerk verziert und an den Gewänden lebhaft gegliedert.[*])
Vorn an den Fronten der Strebepfeiler sind zwei Consolen angebracht; auf der
einen steht eine Statue der Madonna, auf der

Fig. 23.

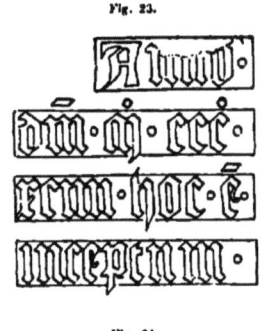

anderen, jetzt leeren stand früher S. Stephanus
als Titelheiliger der Kirche. — Links am Fusse
des Portales steht die Inschrift Fig. 23, wodurch
also die Erbauungszeit dieses schmuckvollen
Theils der Kirche im J. 1394 sicher gestellt erscheint. Eine andere gegenüber rechts befindliche Inschrift in etwas freieren Minuskeln
(Fig. 24) ergiebt den Namen des Baumeisters.
Der erste Buchstabe ſ, der etwas entfernt steht
von dem fremdartig klingenden Namen ridanø,
ist von zweifelhafter Bedeutung und könnte vielleicht gleich frater sein, also den Mönchstand des
Architekten bezeichnen, oder vielleicht = fecit,

Fig. 24.

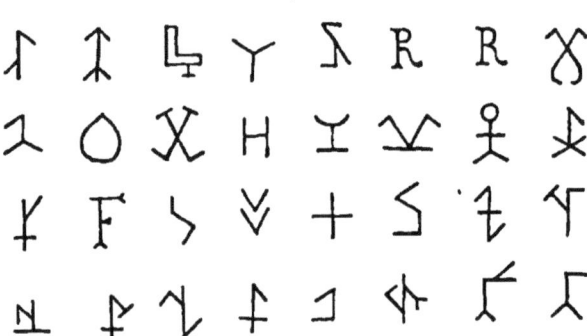

was indess dem Künstlernamen nicht voran,
sondern nachgesetzt zu werden pflegt; am wahr-
scheinlichsten indess dürfte das ſ der Anfangsbuchstabe eines Taufnamens sein, da auch an
der Console für das Standbild des heil. Stephanus

ein **F** eingemeisselt ist, und unter den an dem Bau vorkommenden Steinmetzzeichen (Fig. 25) die Majuskel **R** sehr häufig erscheint. — Die Fenster waren ursprüng-

Fig. 25.

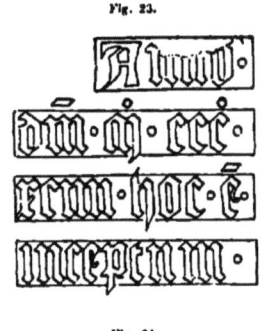

lich ohne Zweifel durch einen Mittelpfosten in zwei Lichter getheilt und unter dem
Bogen mit Maasswerk gefüllt, was man aber 1753 herauszubrechen für gut fand.

---

[*]) Die Gliederung der Gewände an den vier Portalen der Kirche ist in Fig. 22 dargestellt.
Man sieht, dass die kräftigen Profilirungen des westlichen und des nördlichen Portals einander
verwandt sind, während die etwas unruhigen Gliederungen der beiden an der Südseite befindlichen Portale, von jenen ersteren verschieden, ebenfalls unter sich übereinstimmen.

Das Innere der Kirche ist sehr einfach. Die Stützen der breitleibigen Scheidbögen der Schiffe sind schlicht achteckig; der Fuss ist einfach aus Platte und Schräge gebildet, und oben leitet eine karniesartige Gliederung zu ihren prismatischen Kämpfern über. Eine genauere Betrachtung lehrt übrigens, dass ursprünglich die drei Schiffe von gleicher Höhe gewesen sein müssen. Aus einem jetzt vermauerten Gesimse am westlichen Giebel lässt sich nämlich schliessen, dass die Giebeldächer der Seitenschiffe früher nicht an die Sargmauern eines Hochbaues stiessen, sondern gegen das Satteldach des Mittelschiffes ausliefen. Wie die Stichbögen der Oberlichter beweisen, dürfte die Erhöhung des Mittelschiffes (welches also ursprünglich mit den Seitenschiffen von gleicher Höhe war) frühestens gegen Ende des 15. Jahrh. vorgenommen worden sein, also nach der Verlegung des Collegiatstiftes von Dorla nach der Bergkirche, wodurch letzterer reichere Einnahmen zugeflossen sein werden. Die Veranlassung zu diesem Umbau ist unbekannt, wenn nicht etwa die Kirche bei dem Stadtbrande von 1506, mit vom Feuer ergriffen, ihre alten Dächer verloren haben sollte. Die Erhöhung der Mittelschiffwände, die sich selbstverständlich auch auf die Umfassungsmauern des Altarraums erstrecken musste, dessen drei östliche Fenster, wie im Innern deutlich zu erkennen ist, ebenfalls eine Erhöhung erfuhren, betrug nur so viel, wie die Firste der kleinen Giebeldächer erheischten, es konnten daher die Oberlichter, wie bei Basilikalbauten Regel ist, nicht lothrecht über den Seitenschifffenstern angebracht werden, sondern wurden seltsamerweise zwischen die Giebeldächer gestellt. Obgleich nun durch die Erhöhung das Innere des früher zu gedrückten Mittelschiffes gewonnen hatte, und auch eine bessere Entwässerung der Bedachungen erreicht war, so gerieth doch der Architect an der Westseite der Kirche, die deshalb etwas confus erscheint, in Verlegenheit. Der Kirchengiebel ist halb abgewalmt und ein Stück davon abgeschnitten, um das in Verbindung mit dem Thurm stehende Wendelstiegengehäuse sich frei entwickeln zu lassen. — Während die frühere Hallenkirche sicherlich überwölbt gewesen war, wobei freilich der Mangel der Strebepfeiler am Chore auffällig erscheint, so hat doch der jetzige Bau nur Holzdecken, die aus Brettcassetten bestehen, welche auf die Balken genagelt sind, und gewiss erst zugleich mit der im J. 1535 der nördlichen Chorseite angebauten Sacristei entstanden sein werden.

Der Thurm (vergl. Fig. 20), dessen Besprechung noch erübrigt, schiebt sich ohne organische Entwicklung in die südwestliche Ecke des Schiffes, fluchtrecht mit der Aussenwand und durch offene Bögen nördlich mit dem Mittelschiffe und östlich mit dem südlichen Seitenschiffe verbunden. Statt, wie man voraussetzen sollte, nur ein Quadrat des Seitenschiffes einzunehmen, greift er nicht unbedeutend über dieses Maass und scheint deshalb der Rest eines älteren Baues zu sein, an den das jetzige Schiff angesetzt ist. Der viereckige Unterbau des „Bergthurmes", wie er genannt wird, ist 32ᵐ hoch und zu vier Stockwerken angelegt, von denen das untere als Würfel erscheint, jedes der 3 höheren, etwas gedrückt, in dem Verhältniss von 3:4. Die Gurtgesimse der Etagen (vgl. Fig. 30, S. 47.) sind tief unterschnittene Wasserschrägen und von guter Wirkung; die unteren Geschosse sind nur mit kleinen Lichtöffnungen versehen, das obere Stockwerk hat auf jeder Seite ein grosses dreitheiliges, im Bogenfelde mit Vierpässen gefülltes Spitzbogenfenster, und das einfach gegliederte Hauptgesims (Fig. 30.) ladet kräftig aus.

Der jetzige Aufsatz des Eckthurmes (vergl. Fig. 20) ist im J. 1860 an Stelle der im J. 1835 bis auf den viereckigen Untertheil wegen Baufälligkeit abgetragenen alten Thurmspitze aufgesetzt. Die neue Form hat man ersichtlich von der Architectur der südlichen kleinen Seitenschiffdächer entlehnt, indem auf das Hauptgesims eine Maasswerk-Brustwehr mit Eckfialen gesetzt und der achteckige Aufsatz (in höherer Form als früher) hinter einem Umgang mit abgetreppten Giebeln und Eckfialen versehen wurde. Die schlanke Spitze (1 : 3) ist jetzt auf Holzgerippe mit Schablonenschiefer gedeckt und mit metallener Kreuzblume gekrönt. Der achtseitige Aufsatz ist mit der Blume 21,5 ᵐ hoch, der ganze Thurm also einschliesslich des 32 ᵐ hohen Unterbaues 53,5 ᵐ oder 170 Fuss Rhld.

Der einfach begonnenen Thurmform entsprechender war jedenfalls der frühere Aufsatz *), der auch achteckig als Prisma anhob, dann aber, wie der viereckige Unterbau, horizontal abgeschlossen, eine Steinpyramide (1 : 3) trug, welche mit einem steinernen hohlen Knopf bekrönt war. Dieser alte Aufsatz war rund 19,8 ᵐ hoch, der ganze frühere Thurm also 51,8 ᵐ (= 165 Fuss Rhld.). Das frühere Achteck incl. Gesims, welches dem Motiv des Hauptgesimses entsprach, hatte 3,58 ᵐ Höhe. Auf dem mittelst kräftiger Ueberkragung aus den Ecken vermittelten Achteck stieg der Aufsatz mit 5,1 ᵐ innerem Seitendurchmesser äusserlich lothrecht, innerhalb gewölbartig empor, damit die Pyramiden-Grate diese Curve tangirten. Die Standfugen blieben bis in die Spitze wagerecht, und der Seitenschub der Grat- oder Falzsteine war durch dichtschliessende eiserne Dübel verhindert. Die Construction dieser steinernen Spitze war aus der in der Langensalza'er Gegend, veranlasst durch das eigenthümliche, plattenartige Tuffstein-Material, entsprungenen Steinmetzen-Technik hervorgegangen: man stellte nämlich in die 8 Grate der Pyramide Falzsteine von 105ᶜᵐ Höhe, zur Aufnahme von schwachen (10 bis 12ᶜᵐ starken) Platten und so fort bis zur Spitze hinauf, welche einen einzigen kronenartig gezackten Schlussstein erhielt. Wie die Detailzeichnung (Figur 26 — 30) ergiebt, folgte auf diesen ein sich verjüngender Stein mit Gesims, dann wieder ein breiterer Plattenstein, ein achtseitiges Prisma mit Zapfen und auf diesen ein aus 2 Halbkugeln bestehender Knopf mit achtseitig geschwungenem Deckel. Diese Spitzenconstruction wurde durch einen kräftigen Eisenstab, kaiserstielähnlich lothrecht erhalten, oben aber mit einem durchgesteckten Federsplint abgeschlossen. Gegen Seitenschwankungen waren auf den Graten der Pyramide lange eiserne Klammern eingelassen, die ungefähr 2 Meter weit herabreichten.

So originell und einfach diese Idee war, denn ein zweites Beispiel ist nicht bekannt (da die Steinspitzen sonst nur gemauert zu sein pflegen), so vermochte die Ausführung, die sich auf die eisernen Dübel in den horizontalen Lagerfugen, auf die Haltbarkeit der Platten und auf den Mittelpfosten verliess, doch nicht auf die Länge dem zerstörenden Einfluss der Witterung zu widerstehen. Schon bei dem Aufbau müssen Mühseligkeiten, Verlegenheiten und daher auch Ungenauigkeiten entstanden sein. Man blieb nämlich (kaum absichtlich) nicht bei der reinen Pyramide; es entstand bald hier, bald dort eine kleine Abweichung von derselben, die

---

*) Verf., der als geborener Langensalzaer den Thurm täglich seit früher Jugend vor Augen hatte und 1835 die Aufnahme des alten Aufsatzes vor dessen Abbruch besorgte, ist im Stande, über die originelle Construction desselben die genaueste Auskunft zu geben.

verschobene, längliche Achtecke erzeugte, und da auch der Eisenstab sich mit der Zeit ein wenig neigte, so entstand jene Form, die zu der allgemeinen Redensart führte:

„der Thurm hänge nach allen Seiten,"

eine zum Wahrzeichen der Stadt gewordene Erscheinung, auf die man jeden Fremden aufmerksam zu machen niemals unterliess. Nichtsdestoweniger stand die

Fig. 26·30.

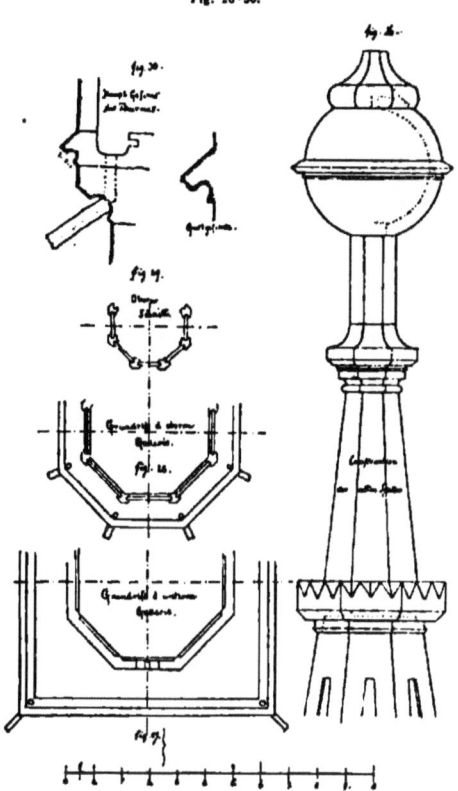

Spitze bis 1834, wo man anfing Besorgniss zu hegen, weil sich die Steinspaltungen vermehrten und alle Verklammerungen nichts mehr zu helfen schienen. — Fig. 26, 27, 28, 29, 30 dienen zur Verdeutlichung der beschriebenen Construction. Die äussere Ansicht war immerhin den schweren Proportionen des Thurmes entsprechender als die jetzige mit der durchbrochenen Gallerie und den Fialen, an Stelle der

Reihe 105ᶜᵐ hoher, 25ᶜᵐ starke lothrechter, durch Klammern gehaltener Platten, die das untere viereckige und das obere achteckige Plateau nach Aussen abschloss.

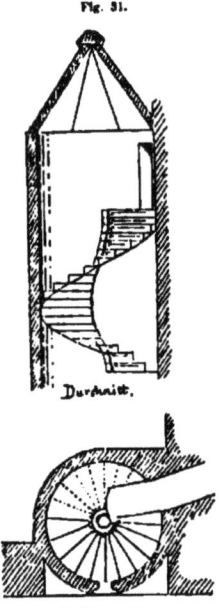

Fig. 31.

Durchschnitt.

Grundriss.

Auf ²/₃ der Pyramidenhöhe befand sich an den Graten eine Reihe von geneigten Schildchen mit verschiedenen Steinmetzzeichen. Es sind dieselben, wie unten und an der Wendeltreppe; der Thurm wurde also ohne Unterbrechung durch dieselben Steinmetzen aufgebaut.

Die Wendeltreppe (Fig. 31), die sich dem Thurme an dessen nordwestlicher Ecke innerhalb des Mittelschiffes in einem Thürmchen anschliesst, gilt als zweites Wahrzeichen der Stadt. Sie bildet um eine 16ᶜᵐ starke Spindel von kreisförmigem Querschnitt eine Spirale von 32ᶜᵐ lichtem Durchmesser, und da die Stufen 105ᶜᵐ Breite haben, ist das cylindrische, vorzüglich ausgeführte Thürmchen 2,9ᵐ im Lichten weit. Oben ist es durch 8 dreieckige Platten pyramidal abgedeckt und mit einem Deckelstein geschlossen. Die Stufen ersteigen sich sehr bequem, weil die Deckleiste an der Spindel weiter vorspringt als an dem Umfang.

Die Maasse der Kirche sind:

Länge der Schiffe: 34ᵐ ⎱ Verhältniss 1 : 1,35.
Breite des Schiffbaues: 25,2ᵐ ⎰

Breite des Mittelschiffs: 10,8ᵐ im Lichten.

„ der Seitenschiffe: 5,2ᵐ „ „

Die Seitenschiffe haben also die halbe Breite des Mittelschiffs, was nach dem 13. Jahrh. in Hallenkirchen kaum noch vorkommt.

Länge des Altarchors: 12,5ᵐ ⎱ Verhältniss 1 : 1,16.
Breite „ „ : 10,8ᵐ ⎰

Die ganze Länge der Kirche beträgt 46,5ᵐ, die Höhe des Mittelschiffs bis zur Balkendecke 16,3ᵐ, die der Seitenschiffe 11,3ᵐ.

Das Thurmquadrat hat 8,3ᵐ Flächeninhalt. Früher war der Thurm 51,8ᵐ (= 165 Fuss rhl.) hoch, jetzt beträgt die Höhe 53,5ᵐ (= 170 Fuss rhl.).

Das Innere der Kirche mit den kahlen, weissen Wänden und cassettirten Bretterdecken ist ganz schmucklos. Der Altar ist erst 1684 auf Kosten des Superintendenten Keuling im Renaissancestyl errichtet und darin ein Oelbild eingefügt, welches der damalige Wirth zur „goldnen Henne", Franz Eulenhaupt, der Kirche zum Geschenk gemacht hatte. Es war im 30jährigen Kriege bei einer Plünderung von München (1631) von ihm erbeutet und mit nach Langensalza gebracht worden. Das Bild stellt die Geburt Christi in zahlreichen Figuren dar, und erinnert wegen der kühnen Leiber-Verkürzungen und wegen der schönen Lichtwirkung in etwas an die Weise des Correggio; es muss schon längere Zeit vor 1631 noch in einer guten Maler-Periode gemalt sein. Stellenweise scheint eine spätere ungeschickte Hand schlecht daran retouchirt zu haben.

Den Altartisch schmückt bei Festen ein kostbares, silbernes Crucifix mit Edelsteinen, welches der in Langensalza geborene, 1736 zu Dresden verstorbene. Hof-Juwelier J. Hnr. Köhler nebst einem Legat von 200 Thalern der Kirche vermacht hatte. *)

Die Kanzel an einem der südlichen Pfeiler des Schiffes hat die Langensalzaer Familie Auerbach 1590 auf ihre Kosten von Stein anfertigen und anbringen lassen. Sie besteht im Geschmack der Zeit aus einem Figurenständer in der Mitte, Gruppen von biblischen Scenen an der Brüstung und am Treppengeländer, und aus einem höchst schwerfälligen Schalldeckel, auf welchem in 3 Etagen einzelne weibliche biblische Figuren karyatidenartig die Zwischendecke tragen und sich nach oben verjüngen. Die einzelnen Friese enthalten Bibelsprüche in goldnen Buchstaben auf blassblauem Grund: etwas gesucht und geschmacklos.

Unter den Grabsteinen (s. oben S. 39.) sind die wichtigsten und zugleich ältesten die des Ditericus de Salza († 1308) und des Guntherus de Salza († 1322), mit den Figuren Beider in fast Lebensgrösse.

Fig. 32.

Fig. 33.

Der Grabstein des Ditericus, welcher im Mittelgange liegt und sehr von den Fusstritten leiden muss, hat die Majuskelinschrift:

✠ ANNO ◦ DOMINI ꝉ M ◦ CCC ◦ VIII ⁚ XII ◦ KL ◦ JVLII ◦ OBIIT ◦ DITERIQVS ◦ DU ◦ SALZA ◦ CASTELLANUS ◦ IN ꝪVRGISBORCKIN

Der Grabstein des Günther liegt vor dem Altar und rührt aus der Kirche

---

*) Hierdurch erledigt sich eine Anfrage in der Germania Sacra von C. J. Böttcher, Lpz. 1874, S. 204. Z. 18 v. oben.

des 1711 abgebrannten Augustinerklosters her, dessen Stifter er war, wie ihn auch die Grabschrift

+ ANNO + DNI + M + CCC · XXII · OBIIT · DOMINUS · GUNTHER · D · SALTZA · h · SEP · FUNDATOR · ISTI' · LOCI · V · KL' · NOVEB +

als Stifter desselben (istius loci) bezeichnet.

Andere bemerkenswerthe Grabsteine sind:

1509 Amtmann Albertus Spitznase zu Salza.

1521 Margaretha v. Haugwitz, geb. v. Grensing, Gemahlin des Jost v. Haugwitz.

1522 Margaretha v. Berlepsch, geb. v. Haugwitz, I. Frau des Amtmann Sittich, III. Frau des v. Berlepsch.

1529 Johannes von Erffa, Dechant des Petri-Paulistifts. Auf dem Stein (mitten vor dem Altar) ist eine Messingplatte, worauf ein Schild mit 2 Flügeln und die Schrift in Spät-Minuskeln:

anno . dm . m . ccccc . xxix . die . vero . xxii .
mēsis . decēbris . obiit . venerabilis . vir . dns .
Johannes . de . Erffa . hujus ecle . decan^9 . et .
canī^9 . cujus . aia requiescat . in . pace . amen .

1541 Sigmund Wilhelm v. Hausen, Sohn des Melchior v. Hausen auf Schönstedt, und andere mehr.

Die heiligen Gefässe der Kirche (6 silberne Kelche, eine silberne Kanne, eine dergleichen Hostien-Schachtel etc.) wurden 1735 gestohlen. Die beiden Messingleuchter, je mit 8 Düllen, verehrte 1631 der Oberkämmerer Sigmund Seebach.

Auf dem Thurm befinden sich 4 Läuteglocken von 1,75, 1,55, 1,17, 0,58 m Durchmesser. Die zwei grössten sind 1662 von Johann de la paix, die dritte (als „67 ste") von Hieronymus Möringk 1611 gegossen, die vierte mit der Minuskel-Inschrift **ave maria gracia plena dominus tecum a. n. a.** soll aus dem Augustiner-Kloster stammen.

Abgetragene oder verschollene Kirchen.

Die Liebfrauenkirche, auch S. Maria zur Kluft oder zum Ritzenstein („Rutschenstein") genannt, die oben S. 18 erwähnte älteste Kirche des ersten Dorfs Salza, lag am nordöstlichen Ende der jetzigen Stadtgärten, wo noch vor wenigen Jahren ein mit Mauer und Graben umgebener Wiesenfleck die Stelle bezeichnete, die „auf der Liebfraukirche" hiess. Nach ihrer ersten Zerstörung im J. 1075 muss sie wieder gebaut worden sein und diente noch 1539 zu gottesdienstlichem Gebrauch. Seit Einführung der Reformation wird ihrer kaum noch gedacht. Im dreissigjährigen Kriege wurde sie mit den Vorstädten zerstört. Das Mauerwerk der Kirche wurde 1733 abgebrochen, der Thurm 1734. Die Steine verwandte man zum Bau der Gottesackerkirche.

Die Augustinerkirche. Das Augustinerkloster (vergl. den Grundriss Fig. 34) hatte im J. 1280 Günther von Salza (dessen Grabstein sich jetzt in der Bergkirche befindet; s. oben Z. 1) gestiftet und ausser einem grossen Areal für die nöthigen Gebäude und Gärten noch mit andern Gütern bedacht. Es lag damals ausserhalb der Stadt, zwischen zwei Feldwegen, welche jetzt die Brüdergasse und die Holzgasse heissen, und reichte bis hinter die jetzige Gottesackerkirche. Von der ehemaligen Kirche ist jetzt, nachdem der grosse Brand der Stadt von 1711 dieselbe

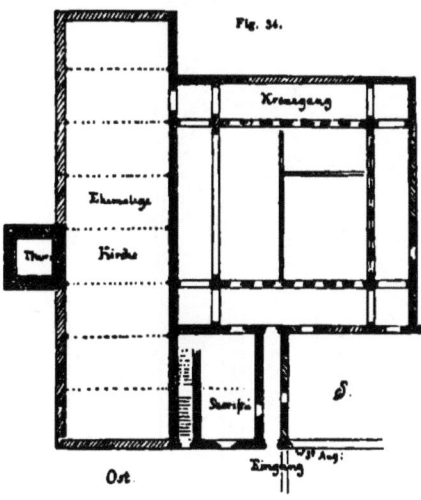

Fig. 34.

mit verzehrt hatte, nur noch der Thurm übrig (Fig. 35), dessen Stellung, wie es bei den Augustiner-Bettelmönchen üblich war, an einer Langseite stand. Allen Anzeichen nach war der Altarraum östlich rechtwinklig geschlossen. Der Thurm, von quadratischer Grundfläche, deren Seite 4,66^m beträgt, setzt bei $^3/_5$ seiner Höhe in's Achteck um, das, mit kräftigen Ecklisenen besetzt, sich 2 Etagen hoch erhebt. Nach dem Brande wurde der Thurm mit kleiner Haube und Durchsicht versehen; ursprünglich hat er aber wahrscheinlich nur eine Plattform, oder mindestens nur ein sehr flaches Dach gehabt, wie ähnliche Thürme Erfurt's, mit kleinen Fialen und Gallerien dazwischen. Auf den Ecken des unteren Vierecks standen noch bis in die zwanziger Jahre dieses Jahrh. hübsche Fialen, welche, wie die noch vorhandenen unteren Stümpfe erweisen, etwa 0,4^m Seite hatten. Ein Paar Eisenstangen würden sie gehalten haben, aber die Aengstlichkeit eines Hausbesitzers, in dessen Hause der Thurm steht, veranlasste die Herunternahme. Nach vorhandenen Spuren an den Mauerresten lässt sich mit ziemlicher Gewissheit die Breite der einschiffigen Kirche auf 11,5^m, die Länge derselben auf 33,5^m schätzen, mit 8 gleichen, oblongen Abtheilungen gerippter Kreuzgewölbe, die mindestens an der freistehenden Südfront durch äussere oder nach innen gezogene Strebepfeiler gesichert gewesen sein werden.

Fig. 35.

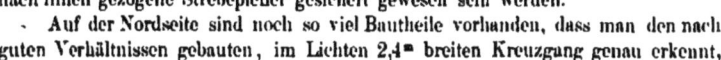

⋅ Auf der Nordseite sind noch so viel Bautheile vorhanden, dass man den nach guten Verhältnissen gebauten, im Lichten 2,4^m breiten Kreuzgang genau erkennt,

4 *

welcher einen Hof von 113 ▪ Seite umschloss und in jedem seiner 4 Flügel 6 schöne, mit Maasswerk versehene Spitzbogen-Fenster (Fig. 36) hatte. Auch der

Fig. 36.

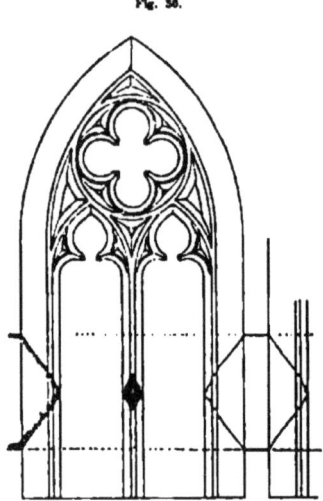

östlich befindliche frühere Klostereingang, die ehemalige Sacristei und das Standbild des h. Augustinus auf einem Consol sind noch vorhanden.

Nach der Säcularitation 1540 diente die Kirche bis 1558 als Stadtkirche, da die Bergkirche für die Protestanten noch verschlossen war. Der Garten wurde zu einem Gottesacker, die Gebäude für Schulzwecke bestimmt. Der grosse Brand im J. 1711 liess von dem ursprünglichen Bestande sehr wenig verschont.

Die Jacobskirche, die in einer Urkunde von 1380 als „extra muros" belegen vorkommt, wird von Göschel 2,29 als zum Barfüsserkloster gehörig erwähnt, dessen Stiftung von einigen Chronisten in das Jahr 1259 gesetzt wird, während andere sich auf eine Urkunde berufen, die den Herzog Wilhelm III. als Gründer und 1457 als Stiftungsjahr nennt. Der Gottesdienst in der Jacobskirche hörte 1540 auf, und 1500 wurde „die Abreissung des alten Kirchenchors zu St. Jacob" verdungen, weil man die Steine beim Baue des Marktthurms benutzen wollte (Vgl. Göschel 2,282). Das Barfüsserkloster fand als Amtsfronveste Verwendung, und die Stelle der Jacobskirche ist nicht mehr nachweisbar.

Die Kapelle S. Thomae gehörte zum Rathhause; s. dieses.

Die ehemalige Michaeliskapelle stand auf dem Kirchhofe bei der Bergkirche; s. oben S. 42.

Der ehemalige, jetzt im Privatbesitz befindliche Reinhardsbrunnerhof, den dieses Kloster 1365 erworben hatte, ist ein gothisches Gebäude, welches zur Zeit zu Lagerräumen benutzt wird.

Von den 4 Hospitälern, S. Gangolphi (Siechhof, bereits 1307 vorhanden), S. Wendelini am inneren Mühlhäuser-Thor (Stiftung von 1445), St. Georgii (ausserhalb des Erfurter-Thores), S. Johannis (in der Enggasse), lässt sich in archäologischer Beziehung Bemerkenswerthes nicht berichten.

Profanbauten.

Das aus der alten Driburg (s. oben S. 19) hervorgegangene Schloss, welches zu Ende des 17. Jahrh. zum Witwensitz der Herzoginnen von Weissenfels bestimmt und umgebaut wurde, ist in seiner jetzigen Erscheinung eine einfache, nüchterne Gebäudemasse, und zu Büreaus, Dienstwohnungen und Montirungskammern eingerichtet. Der ehemalige Wallgraben ist längst verfüllt. Ein altes Thor in der nördlichen Gartenmauer scheint mit seinem Rundbogen und den romanischen Kämpfern in das frühere Mittelalter zu gehören.

In einer Beamtenwohnung befinden sich eine Anzahl Oelgemälde, die sächsische Fürsten und Fürstinnen darstellen.

Fig. 37.

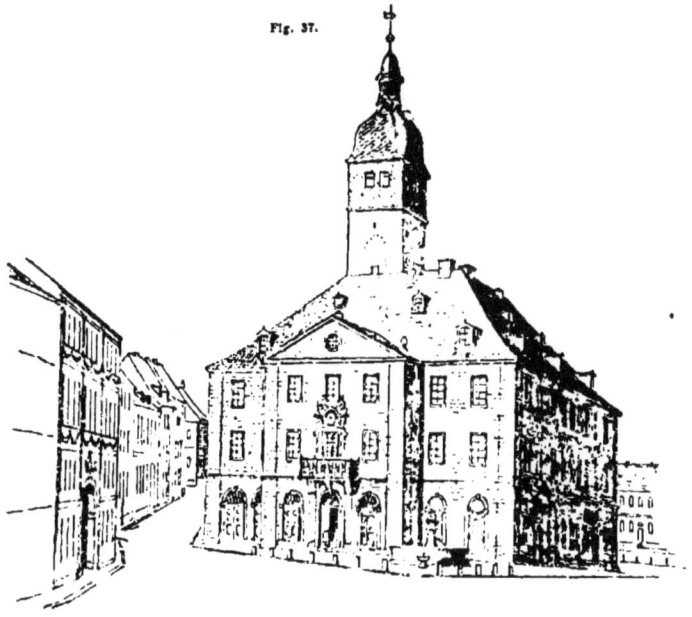

Das Rathhaus in seiner jetzigen Gestalt (Fig. 37) ist 1742 — 1751 erbaut und wurde 1752 am 6. April eingeweiht; das frühere an dieser Stelle war 1530 —

1533 erbaut gewesen, brannte aber 1711 ab. Auch diesem älteren ging ein 1392 erbautes voraus, das mit Ausnahme des noch gegenwärtig erhaltenen Thurms 1500 abbrannte. Es muss aber nach einer Urkunde v. 1299 schon früher ein Rathhaus vorhanden gewesen sein, umsomehr als Salza bereits seit 1212 Stadtrechte und einen Rath besass. — Im J. 1468 wurde im Oberstock des Rathhauses (praetorium) eine Kapelle S. Thomae Ap. mit einem Altare eingeweiht, die, wie alte Kämmereirechnungen bezeugen, erst 1528 einging.

Im Rathhause wird ein 158×84ᵐ grosser, auf Stramin gestickter Teppich

aus dem 14.—15. Jahrhundert aufbewahrt, welcher aus 3 fragmentarischen Streifen (A. B. C.) von etwa gleicher Breite besteht, die senkrecht an einander genäht sind. Der mittlere Streif (C) rührt von einem anderen Teppiche her, während die beiden äusseren Streifen ursprünglich zusammenhingen und nur aus einander geschnitten wurden, um den Mittelstreifen symmetrisch verwenden zu können. Beim Zusammennähen verwechselte man die beiden getrennten Hälften, so dass die links gehörige (A) rechts angestickt wurde. Unten ist ein schmaler, über die ganze Breite reichender Querstreif (D) angesetzt, der, sowohl der Länge als der Breite nach Fragment, von einem dritten, nicht gestickten, sondern gewobten Teppiche abgeschnitten ist. Auf den beiden Stücken befinden sich in 3 horizontalen Reihen 3 mal 4 Darstellungen in breit ovalen Medaillons und auf dem aus etwas späterer Zeit stammenden Mittelstück C 2 mal 2 Darstellungen paarweise zwischen Säulenarkaden, die in der oberen Reihe aus zwei flachen Eselsrücken, in der unteren aus zwei Stichbögen gebildet sind. — Die Darstellungen in den Medaillons 1—4 sind aus der Legende des h. Eustachius entnommen: 1. Er sitzt zu Ross und verfolgt, das Hifthorn blasend, 2. einen weissen, rothgescheckten Hirsch zwischen dessen Geweih ein kleines Kreuz angedeutet ist. In N. 3 beugt Eustachius das Knie vor dem Hirsche, und Nr. 4. zeigt eine Zinnenburg mit Thurm, anscheinend in Flammen. Die Medaillons 5—12 gehören inhaltlich vermuthlich zusammen und scheinen aus irgend einem Ritterroman entnommen zu sein; Nr. 7. (s. Fig. 3a) erinnert zwar lebhaft an ähnliche Miniatur- und Teppichbilder aus der Sage von Tristan und Isolde, aber die übrigen Bilder scheinen nicht zu diesem Kreise zu passen. Nr. 5. Ein Raubthier mit scharfem Zahn und mit Löwenklauen verschlingt einen Mann; Nr. 6. Ein König hält eine Jungfrau bei der Hand; Nr. 7. ist das

Schiff; Nr. 8. Der König führt zwei ihm folgende Männer; Nr. 9. Der König führt die Jungfrau fort; Nr. 10. Die beiden Männer gehen voran; Nr. 11. Das Raubthier

Fig. 38.

verschlingt den einen Mann, den andern trägt der König nach dem Wasser; Nr. 12. Der König steht mit erhobenen Armen am Ufer. — Das Mittelstück C. enthält folgende Darstellungen: Nr. 13. Eine Frau (die Sibylle) zeigt einem der h. drei Könige den Stern am Himmel; Nr. 14. Die h. Jungfrau liegt in einem offenen Hause im Wochenbett und die Wehemutter reicht ihr das Wickelkind; der Stern steht über dem mit blauen und rothen Ziegeln gedeckten Dache; Nr. 15. Landgraf Ludwig entdeckt die Rosen unter dem Mantel seiner Gemahlin, S. Elisabeth; Nr. 16. Eine mächtige, mit Reifen gebundene, mit einem Baldachin zeltartig gedeckte Kufe, in welcher zwei nackte Täuflinge stehen, nach denen sich eine gekrönte Heilige vorbeugt. — Der Grund des Teppichs A. B. ist roth und zwischen den weiss eingefassten Medaillons mit kreuzförmigen weissen Blumen gemustert; auch das Stück C. hat rothen aber nicht gemusterten Grund, der zwischen den ebenfalls weiss eingefassten Bildern, deren beide Reihen durch einen breiten Ornamentstreifen getrennt sind, nur wenig zum Vorschein kommt. Der Grund der Medaillons ist grün mit weiss-roth-gelben, stylisirten Pflanzen und dunkelblauem Wasser; auch auf C. stehen die Bilder auf grünem Grund, aber mit anders gefärbtem Fussboden und mit Bäumen, die langgestielten weissen und gelbgrünen

Seeblättern ähneln. Auf den Stücken A. B. sind Menschen und Thiere von übermässiger Schlankheit, auf C. dagegen erscheinen die Gestalten gedrungener, fast plump. Auf A. B. kommen roth, blau, braun und weiss in der Bekleidung vor, und die „Gehalvirung" (das mi-parti) ist bei Männern und Frauen mehrfach angewandt; letztere erscheinen theils mit eng anschliessenden, theils mit langen, tief herabhängenden Schlitzärmeln. Das Costüm der Männer stimmt völlig mit dem des Königs (Fig. 38.) überein; nur tragen sie keine Krone, überhaupt keine Kopfbedeckung. Die Ritter tragen keine Waffen; die Helmbrünne des schiffenden Ritters ist schwarz. Die Fussbekleidung besteht in lang gespitzten Schnabelschuhen. Auf dem Fragment C. tragen die Männer ebenfalls Schnabelschuhe, die Füsse der Frauen sind von den langen rothen Gewändern völlig bedeckt. Der König in Nr. 13. trägt einen blaugrauen bis zu den Knien reichenden hellbraun gefütterten Radmantel, enge rothe Beinkleider und eine rothe Krone; auch die Heiligenscheine sind roth. Die Taufkufe ist holzfarben-gelb; der baldachinartige, vorn offene Deckel besteht aus Korbgeflecht. — Der Streif D.*) rührt von einem rothgrundigen bunt geblümten Teppich her und enthält ein gelbes Schriftband mit schwarzen 0,50ᵐ hohen Minuskeln:

. . . ſin (?) . ſl . ubir . tiſſe . iſallde vndȩ triſtram . ȟu (?) .
maem (?) . iva . . .

in welchem Bruchstücke nur die Namen „Isallde unde Tristram" zu entziffern sind.

Ausserdem sind einige mittelalterliche Waffen, Krüge, Gläser etc. vorhanden, sowie die Oelgemälde der sächsischen Kurfürsten Moritz, Christian I. 1591, August der Starke und Christian II. 1610; letzteres gemalt von Husäus aus Schwerstedt.

Das Rathsarchiv enthält die aus dem Brande von 1711 geretteten Urkunden und alten Kämmereirechnungen, auch eine für die Localgeschichte interessante vollständige Folge des städtischen Wochenblattes vom Jahre 1758 ab.

Die nicht unbeträchtliche, mehrere tausend Bände starke Rathsbibliothek, welche seit der Mitte des vorigen Jahrh. hauptsächlich durch Vermächtnisse verschiedener Bürgermeister und Rathsherren zusammengebracht ist, enthält manche interessante Druckwerke, unter anderen einen Sachsenspiegel (? von 1480).

Als ein denkbares Werk der Renaissance ist der 1582 errichtete „breite Brunnen" auf dem Markte zu erwähnen, welcher von dem Steinmetz Franz Dietmar und dem Bildhauer Moritz Begke von Gebesee aus Seeberger Sandstein verfertigt wurde (s. Fig. 39).

Aus der Mitte des tiefen kreisrunden Bassins erhebt sich eine kurze ionische Säule, deren Capitäl von vier Engelsköpfen unterstützt wird, die aus Metallröhren das Wasser speien, welches aus dem grossen Becken in zwei äusserlich ange-

---

*) Auf einer im Jahre 1867 (in ¹/₃ Originalgrösse) in Deckfarben ausgeführten Abbildung des Teppichs, die uns durch die Güte des Herrn Oberlehrers A. Steger in Halle a. S. vorliegt, erscheint der Inschriftstreif nicht unten, sondern oben und zwar mit auf dem Kopfe stehenden Buchstaben angesetzt, was der Wirklichkeit nicht entspricht.
Eine von dem Verf. nach Quadraten genau abgezeichnete, ganz getreue Copie des Teppichs in Original-Grösse hat derselbe der Provinzial-Verwaltung übergeben.

lehnte steinerne Schalen abfliesst. Das Capitäl trägt zwei mit dem Rücken gegen
einander hockende, gekrönte heraldische Löwen, die mit der linken Pranke, der
eine das sächsische, der andere das Stadtwappen halten, und mit der rechten,
jener ein aufgerichtetes Schwert, dieser eine Fahnenlanze mit der Jahreszahl. Die
Baukosten betrugen 91 Gülden und 27 alte oder 9 gute Groschen, der Riss kostete

Fig. 39.

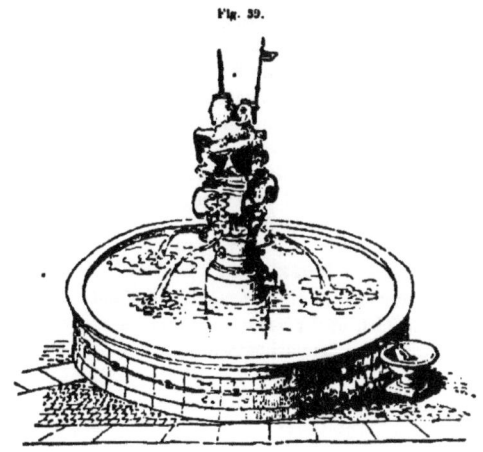

1 Thlr., der Leihkauf eben so viel; dazu kamen das Fuhrlohn für die Steine mit
5 Gld. 30 alte Gr. und das Ladegeld mit 30 Gld. 1 altes Schock. Vgl. Göschel
2,266. 391 und die Kämmereirechnungen von 1581—83.

Ein anderer laufender Brunnen in dem Jacobsviertel ist älter; er ist in der Mitte
des Beckens mit einer Statue des Ap. Jacobus geschmückt und wurde 1562 restaurirt.

Die alten Bürgerhäuser aus der Barokzeit sind mit Ausnahme einiger
massiven Rest-Thore und Thüren (z. B. an der Hofmeierei, einem ehemaligen
Besitzthume der Familie v- Höngeda) schmucklose Fachwerkbauten.

Eine Uebersicht der für die Stadtgeschichte in Betracht kommenden unge-
druckten und gedruckten Quellenschriften giebt C. F. Göschel, Chronik der
Stadt Langensalza in Thüringen (Bd. 1 u. 2. 1818; Bd. 3 und 4. herausgegeben
von Chr. F. Hentschel, Langens. 1842. 1844) Bd. 1 S. 12—28. Dieses sehr vollständige, auch von uns vielfach benutzte Werk entspricht zwar nicht den heutigen
Anforderungen historischer Kritik, bleibt aber ein vortreffliches geschichtliches
Lesebuch für die Bürger der Stadt. — Neuere monographische Veröffentlichungen
sind von uns im Vorstehenden speciell angeführt. — Gründlich vertraut mit der
Geschichte seiner Vaterstadt ist zur Zeit Herr Lehrer Hermann Gutbier in
Langensalza, und wir sind demselben für die uns freundlichst gemachten Mittheilungen
zum besten Danke verpflichtet.

Marolterode.

Kirchdorf, 14 Km. nördlich von Langensalza. In der modernen Kirche befinden sich als Rest eines Altarschreins 4 gemalte, verblasste Tafeln, von je

0,9 Breite, 15 Höhe, auf denen 4 mal 4 = 16 Heilige mit ihren Attributen
unter Baldachinen dargestellt sind. Die Gesichter sind sehr gut und ausdrucks-
voll gemalt, und der Faltenwurf der Gewänder ist naturgemäss. Die dargestellten
Heiligen sind den Unterschriften ihrer Namen zufolge S. Christoferus, Barbara
mit Palme und Kelch, Erasmus mit Winde, Petrus mit Schlüssel, Egidius mit an-
geschossenem Reh, Panthaleon, Vitus mit Hahn, Buch und Palme, Achacius,
Antonius mit Teufel, Austachius (so!) mit Hirschkopf auf einem Buche, Dionysius
mit seinem abgenommenen Kopf, Margarethe mit dem Drachen, Paulus mit Schwert,
Blasius mit Fackel, Katherina mit Rad und Schwert, Georgius mit Lintwurm und
Speer — also die beiden grossen Apostel und die 14 Nothhelfer. Ausserdem sind
noch zwei vergoldete Altarflügel vorhanden, jedoch ohne die früher dazu gehörigen
geschnitzten Figuren.

Auf dem kleinen Thurm sind 3 kleine Glocken von 0,65, 0,52, 0,41 Meter
Durchmesser; die beiden grösseren sind 1864 von Carl Friedrich Ulrich gegossen;
an der kleinen steht nur die Jahreszahl M DC LVIIII (1659).

Merxleben.

Kirchdorf, 2,5 Km. nordöstlich von Langensalza, im Munde des Volkes Märsch-
leben, weshalb es zweifelhaft ist, ob der Name von einem Marcus, oder von „Marsch"
= Niederung (des Unstrutthales) herzuleiten sein mag.

Fig. 40.

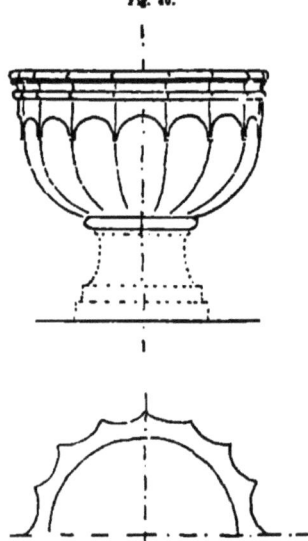

Im Thurmraum der modernen Kirche lagert die obere Schale eines 16eckigen,
spätromanischen Taufsteins mit einem Hakenband.

Auf dem mit etwas gedrückter Pyramide gekrönten Thurm hängen 3 Glocken von 0,92, 0,71, 0,64 Meter Durchmesser; die grosse von Christoph Rumpel in Mühlhausen 1833, die zweite von J. Lor. Koch daselbst 1771 und die dritte von Friedrich See in Kreuzburg a. W. 1827 gegossen.

Mittelsömmern.

Kirchdorf, 16 Km. nordöstlich von Langensalza; es ist das mittlere der sog. „Horndörfer", daher der Name. In der mehrfach umgebauten Kirche befindet sich an der Südwand ein Denkstein v. J. 1577 mit einem sehr mittelmässigen Crucifix und mit den 4 Wappen: von Dachröden (im Schilde ein wilder Mann, auf dem Helme ein Frauenrumpf), von Hirschlaw (im Schilde eine Eule, auf dem Helme 2 Pfauenfedern), von Honnigen (im längs getheilten Schilde rechts ein Adlerkopf, die linke Hälfte in 8 Feldern roth und weiss geschacht; auf dem Helme 2 Adlerflügel, der eine geschacht, der andere mit eingeschobener Spitze*) und von Beringen (der Schild weiss, schwarz, roth, dreimal quergestreift, auf dem Helme 2 Büffelhörner in den Schildfarben).

Auf dem Thurme hängen 3 Glocken von 1,04, 0,86, 0,70 Meter Durchmesser, von denen die kleinste, von Melchior Möhringk in Erfurt 1599 gegossene die älteste ist; die mittlere aus dem Jahre 1607 stammt von demselben Giesser her, und die grösste, 15 Centner schwer, ist erst 1878 von Ulrich in Apolda gegossen.

Am westlichen Ende des Dorfes liegt der ehemalige Rittersitz der Herren von Hausen mit einem langen, in 3 Etagen aufgeführten Wohnhause, welches sich jetzt im Besitze eines Gastwirths befindet, der aber das Haus äusserlich nicht verändert hat. Die untere Etage ist massiv mit viereckigen, etwas gedrückt erscheinenden Fenstern, welche im Styl der zweiten Hälfte des 16. Jahrh. 'umrahmt sind. Die beiden oberen Etagen und die beiden lothrechten Giebel sind von Fachwerk aus starkem Holze. Jede Säule ist mit dicht anschliessenden Streben (sogenannten Fröschen) verwahrt, und über diesen 3 Hölzern ist eine geschnitzte, sonnenartige Palmette angebracht. Das mit Schiefer gedeckte Dach ist mit vielen kleinen, spitzgiebligen Dachfenstern versehen, was dem Gebäude ein stattliches Ansehen verleiht und an die verblichene Herrlichkeit der verarmten von Hausen'schen Familie erinnert.

Mülverstedt.

Kirchdorf, 10 Km. westlich von Langensalza. Die sonst nichts Bemerkenswerthes darbietende Kirche enthält mehrere Grabsteine und Epitaphien der von Hopfgarten'schen Familie, welcher das hiesige Rittergut gehört, aus dem 16. Jahrhundert:

1. Ein mitten im Schiffe liegender Doppelgrabstein aus Kalktuff mit den unter Rundbögen, deren Eckzwickel Blattverzierungen zeigen, angebrachten Figuren des Wilhelm v. H. und seiner Ehefrau Margaretha, geb. v. Kutzleben, und den beiderseitigen Wappen zu ihren Füssen. Der Gatte erscheint in ritterlicher Tracht, barhaupt, in der Rechten einen Rosenkranz, mit der Linken den Schwert-

---

*) Ist v. Honnigen etwa gleichbedeutend mit v. Hongeda?

griff haltend, die Frau in nonnenhaftem Kopfputz mit herabhängenden Bändern und mit gefalteten Händen. Rings um den Stein läuft die Minuskelschrift:

> 𝔄 . D . 𝔐 . CCCCC . XXXV | lll . freita . nach . remisre . il . gestorb . der . erb . willm | vo . hopfgarth . as . d . m . ccccc . xxxx | sonntag . nach . bonifac⁹ . il . gestor . marget . v . hopfgart . geps . || vñ . bvcligb . den . Gott . gnade .

Vom Doppelstriche ab setzt sich der Schluss der Inschrift zwischen den beiden Gestalten fort.

2. An der Nordseite der Kirche das Epitaphium Wilhelms v. H., welcher in ritterlicher Tracht, den Helm bei Fuss, vor dem Gekreuzigten knieend dargestellt ist, in einer Renaissance-Umrahmung von schöner, reicher Zeichnung. Das beigefügte Wappen ist das v. Hopfgarten'sche (im Schilde 2 Gabeln überkreuz, auf dem Helm 5 Straussenfedern, oben mit Säule und Fähnchen). Die Umschrift lautet:

> Anno . dn . 1554 . den 24. tagt . | octobris . gegen . morgen . nach . | Dier Vhr. ist der edle vnd | erveft . Wilhelm . von . hopfgart . in . got . vorschieden .

mit Hinzufügung des Spruches Hiob 19: „Ich weiss, das mein erlöser lebt."

3. Ein Epitaph v. 1570: Christoph v. Hopfgarten und Elisabeth von Greussen, mit Wappen. Das Wappen der Frau (von Greussen) zeigt im Schilde 3 Kalbsköpfe, auf dem Helm 2 Spiesse und zwischen denselben einen Kalbskopf mit herausgesteckter Zunge.

4. und 5. Oestlich, theilweise durch eine Treppe verdeckt, ein Epitaph von 1575, und daneben eins von 1582.

Aelter als diese Grabmäler ist ein theilweise beschädigter Stein im Styl des 15. Jahrh., mit der unvollständigen Umschrift in Minuskeln:

> .... decembris . obiit . strenuus . | miles . diethcrus . de . | hopfgarten.

Die Jahreszahl ist abgehauen. Unten sind auf beiden Seiten des v. Hopfgarten'schen Wappens, links das v. Seebach'sche, rechts ein unbestimmbares Wappen angebracht.

Die auf dem Kirchthurm befindlichen drei Glocken haben 1,27, 0,99, 0,83 Meter Durchmesser und sind sämmtlich von C. Fr. Ulrich in Apolda 1864 gegossen.

Ueber die Gründung und Geschichte eines hier vorhanden gewesenen, urkundlich 1396 erwähnten Klosters Wilhelmiter-Ordens*) ist nichts Näheres bekannt. (Vgl. Zeitschr. d. Ver. f. thür. Gesch. u. Alt. VIII. S. 132). Den Ordensvorschriften entsprechend war es äusserst arm, und hatten die Mönche (als „Einsiedler") nur ein nothdürftiges Unterkommen. Nach der Reformation hoben die Herren v. Hopfgarten das Kloster auf und verwandelten es in eine Schule. — Das einfache, rohe Gebäude, an dem bauliche Aenderungen vorgenommen worden sind, hat nichts von alterthümlichem Interesse.

---

*) S. Wilhelm lebte im 12. Jahrh.; der Orden wurde 1253 v. Papst Gregor IX. nach der Regel des S. Benedict bestätigt; s. v. Weber's Archiv f. d. Sächs. Gesch. III. S. 187—202.

Nägelstedt.

Kirchdorf, 5 Km. östlich von Langensalza, in Ober- und Unterdorf getheilt, mit 2 Kirchen, von denen die des Oberdorfs jetzt mehr als Begräbnisskirche benutzt zu werden pflegt. — Nägelstedt wird schon sehr früh erwähnt, und zwar 977 als Negelsteti, 1222, 1250 als Negelstetten, 1503 als Neilstädt; im Volksmunde heisst es Neilscht.

Es gehörte, jedesfalls wohl durch den Hochmeister Hermann von Salza (s. oben S. 19, Note 1) und seine Familie, zu den ersten Erwerbungen (1222) der Balley Thüringen als Commende des deutschen Ordens, die erst 1811 eingezogen und in eine Domäne verwandelt wurde. Die Einkünfte fanden Verwendung zu Schulzwecken. (Vergl. Leitzmann, die Balley Thüringen, in N. M. IV. 4, 113—136.

Fig. 42.   **Fig. 43.**

Fig. 41.
Kleiner Grundriss.

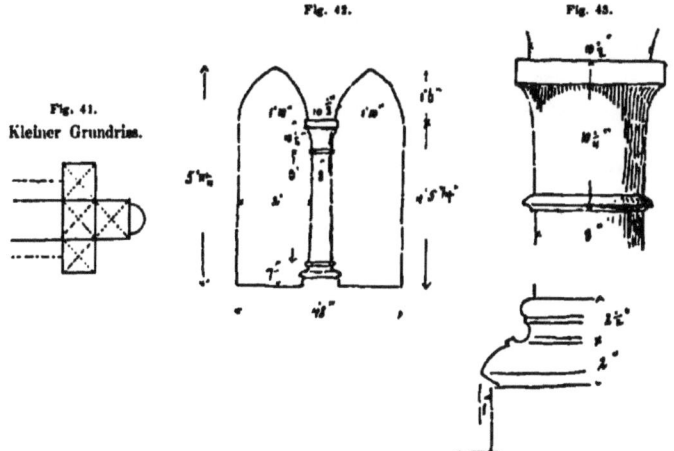

Oberdorf. In der unbedeutenden Kirche befindet sich ein Grabstein des Heinrich Tobias Menz, kurf. und frstl. sächs. Ober-Hegereiter, geb. 1607 den 26. Februar, und gest. den 19. Jan. 1685, mit einem Wappen, worin anscheinend ein Huhn oder ein ähnlicher Vogel.

Von den 3 Glocken des Thurmes von 1,02, 0,99, 0,77ᵐ Durchmesser hat die grösste keine Schrift, ist aber mit schönen Medaillons verziert, welche die 4 Evangelisten mit Büchern darstellen, und zwischen denselben sind noch 4 andere Medaillons angebracht mit Heiligenbildern.

Die mittlere Glocke hat die Minuskel-Inschrift:

✠ ✠ maria heis ⚓ ich curdt ⚓ kerßan gos mich lux ⚓
marcus ⚓ lôs ⚓ matheus ⚓⚓ auas ⚓ bm ⚓ ⚓ cccc xcix ⚓

Die kleine Glocke von 1703 ist von Johann Christophorus Geyer in Erfurt gegossen und mit den an ihren Attributen kenntlichen Brustbildern der beiden grossen Apostel geschmückt.

Unterdorf. An den Hof des Stiftungsgutes stösst die dem h. Georg geweihte Kirche der Commende, die sich durch ihre ganze Anlage von den gewöhnlichen Dorfkirchen unterscheidet: man erkennt nämlich ungeachtet ihrer jetzigen Verstümmlung eine kleine kreuzförmige Basilika mit Mittelthurm; s. den Grundriss Fig. 41.

Spuren der ursprünglichen Absis und der Seitenschiffe sind noch vorhanden; das Querschiff ist in drei Quadraten rundbogig überwölbt, und die Schallöffnungen des Mittelthurmes (Fig. 42, 43) sprechen durch ihre Uebergangsformen deutlich für die erste Hälfte des 13. Jahrhunderts.

Aeusserlich an der Südseite der Kirche (im Gutshofe) befinden sich zwei grosse Grabsteine, von denen der eine nicht mehr kenntlich ist, der andere aber zeigt eine Rittergestalt und einen Wappenschild mit drei Halbmonden (? Fischen) und Kugeln in den Krümmungen, und zwei solchen von einander gekrümmten Figuren auf dem Helme. Die Minuskelumschrift lautet:

anno . dm . m . cccc . lviii . ver . ero . | edle . vnd .
geſtrenge . herre . vn . clav . vö . vtterott . . . .
. . . . der bolei . burringe . devt . ord .

Ausserdem ist an der Kirche noch ein Stein mit folgender Inschrift:

BVR . G . RV
HER . Z . BAR . V
MVL . C . S . STAD
Z . DRESD . V .
COB . AN . D .
1 . 5 . 3 . 4
I . V . R . D.

deren Entzifferung uns nicht vollständig gelungen ist. Die Beziehung auf Burchard, Grafen und Herren zu Barby und Mühlingen ist klar. Demselben war 1570 die Balley Thüringen von den kurf. sächs. Commissarien übergeben worden. Vgl. N. M. IV. 4, 122.

Auf dem Thurm befinden sich drei Glocken von 0,93, 0,77 und 0,68 m Durchmesser, von denen die grösste und die kleinste 1780 von El. Gottfr. Hahn in Gotha gegossen sind, mit dem durch die Siglen V . D . M . I . Æ . angedeuteten Spruch: Verbum domini manet in aeternum. Die mittlere zeigt die Umschrift:

anno yor yyvi XPS . VNS DNS (1526).

Am Thore des Gutsgehöftes, (innerhalb links), befindet sich ein spätgothisches Fenster mit Gardinenbogen und darüber das Görmar'sche Wappen (die Wasserbutte) und die Jahreszahl 1549 (Fig. 44).

Ein anderes viereckiges Fenster, ebenfalls mit dem Görmar'schen Wappen, zeigt die Jahreszahl 1556.

Mitten im Dorfe befindet sich ein Gehöfte, der sogenannte „Schieferhof," 1565 von dem Landcomthur Hans von Görmar gebaut, mit hübscher Façade des Wohnhauses (Fig. 45 u. 46) und eigenthümlicher Grundform des nördlichen Vorderhofes, der ursprünglich wohl als vorgeschobenes Werk (Barbacane) einen Verthei-

digungszweck hatte. Alle Anzeichen gehen auf hallenartige Ueberdeckungen, die
aber jetzt verschwunden sind; nur am Eingange und diesem gegenüber, sind noch
Gewölbe zu sehen. Die viereckigen Fenster stehen übereck.

Fig. 44.

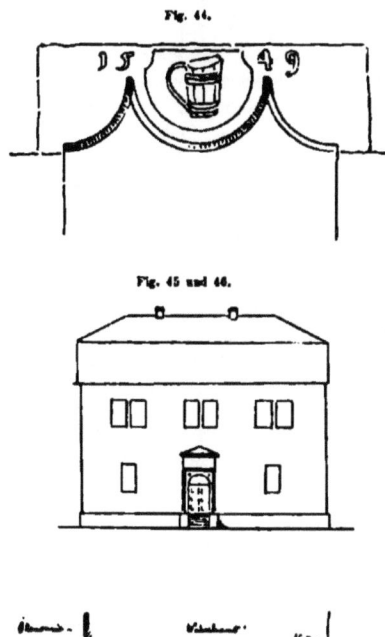

Fig. 45 und 46.

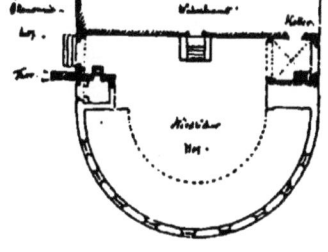

Ueber dem Eingang in diesen Vorhof steht folgende Inschrift:

Pfalm 127 V. 1.

Wo gott zum baus nicht gieb gunst,
so arbeit und baut iederman umbsonß;
wo gott nicht selbst die stadt bewacht,
da ist umbsonß der wächter wacht.

Der Eingang in das Wohnhaus ist dem vornehmen Bewohner angemessen in reicherer Ausstattung angelegt, mit zwei Säulen zu den Seiten, einem Architrav darüber und in diesem Rahmen mit einer Rundbogenthür. Darüber befindet sich ein sehr hoher Fries für nachfolgende lange, paränetische Inschrift:

> O liebes kindt zu aller frist
> bedenck was du bist und wirst
> und thue got dancken immermer
> in allem deinen thun wesen und wandel
> bis gotfürchtig getreu also handel
> wie du woldest das dir solt geschehn
> dergleichen laß einem andern auch ergen.
> Gottesläsierung völlerei unzucht und lüge meid
> veracht niemand und steh bei der gerechtigkeit.
> Bis unverdrossen selbst zu sehen zu deinen dingen
> das wird dir nutzen und ehre bringen.
> meid hofahrt und viel Kleider-Haabe seltsamerweiß
> bedenck daß dein leib ist der Würmer speis
> dem Ueberfluß, pracht und Stolzer muth
> Gott zu Zorn und strafe verursachen thut
> Beweiß auch den armen hilf und barmherzigkeit
> im namen Christi, Gott anzurufen bis allzeit bereit.
> Und gieb allweg der göttlichen Dreyfaltigkeit ehr
> von dannen kombt, wie der weise sagt, alles her.

Rechts von dieser Inschrift befinden sich zwei Wappen über einander: v. Barth (2 Barten mit nach aussen gerichteten Schneiden) und v. Greussen (3 Rindsköpfe); links ebenfalls zwei Wappen: v. Schierbrandt (3 Waizenähren und 3 Wecken) und v. Bock (ein springender Bock). Darunter, im linken Bogenzwickel das Wappen der v. Bendeleben, und rechts das der v. Koller.· Ueber dem Inschriftfriese krönt den ganzen Portalbau ein Frontispice mit einem Engel und dem Alliance-Wappen des Hans von Görmar und seiner Gattin Katharina von Knoblauch (Butte und Eisenhut).

Das Wohnhaus ist durch eine bedeutende Tiefe sehr geräumig, die Abtheilungen sind je nach ihren Bestimmungen noch kenntlich; Nischenfenster mit Sitzen, Wendeltreppen und in einem oberen Raum eine schwere Eisenthür, worauf eine Scene erotischen Inhalts gemalt ist, sowie alte Kachelöfen sind noch erhalten.

Das ganze Gehöft, welches ursprünglich wohl im Besitze des Ordens gewesen sein dürfte, muss, wie das Alliance-Wappen an dem Portale des Wohnhauses beweist, nach der Verheirathung des Comthurs Hans v. Görmar, die dem Orden anstössig war, in den Privatbesitz der Eheleute übergegangen sein. Er war seit 1545 Comthur und seit 1548 Landcomthur und legte 1558 sein Amt nieder, behielt sich jedoch zeitlebens die Einkünfte von Nägelstedt und Liebstädt vor. (N. M. IV. 4,120.) Im Dorfe stehen 2 eigenartige, wohlerhaltene Brunnenhäuser, aus behauenem Kalktuff sauber hergestellt, das eine, wie die angebrachte Jahreszahl besagt, vom Jahre 1560, das andere von 1568. Sie sind zum Aufwinden des Eimers

mittelst Kettenwellen bestimmt und in ihrer Construction aus der in der Umgegend von Langensalza geübten Steinmetzentechnik unter Verwendung von
Steinplatten hervorgegangen. (Fig. 47.)

Fig. 47.

Fig. 48.

Einfachere Brunneneinfassungen, ohne Dach, sind aus je vier Platten zargen-
artig zusammengesetzt und mit Klammern oben zusammen gehalten. (Fig. 48.)

So sind auch die Thüren der Wohnhäuser hier und da, in Nägelstedt sowohl,
als in den benachbarten Dörfern Merxleben, Clettstedt, Ufhoven, Schönstedt, Var-

gula etc. meist aus 3 Stücken Stein zusammengesetzt: einem niedrigen Pfosten, einem hohen mit Aufsatz-Einschnitt und einem bogenförmigen Sturz, der hierorts im Volksmund stets „Wolf" (von „wölben", vielleicht mit „valva" zusammen-

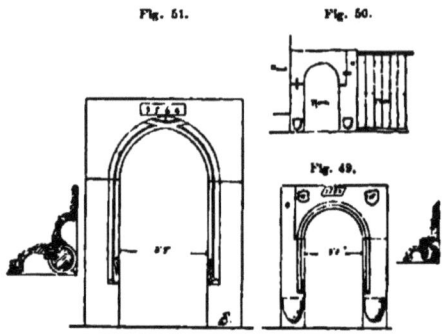

Fig. 51.   Fig. 50.

Fig. 49.

hängend, ahd. walbo, mhd. walbe, Wölbstein) genannt wird. In der Regel sind zu beiden Seiten der in Halseisen eingehängten Pforte 2 Sitze vorgesetzt, die selten aus einem Stück mit den Pfosten bestehen. (Fig. 49, 50, 51.)

Mitten auf dem Nägelstedter Riéth liegt der Bornhök, corrumpirt „Bahren-berg" und mit der Homburger Schlacht von 1075 in Verbindung gebracht, da man hier die Todten vom Schlachtfelde auf „Bahren" zusammengetragen und begraben habe. Bei Nachgrabungen sind Steinwerkzeuge und dergl. gefunden worden. Ausser diesem mehr in der Grundfläche ausgedehnten, als durch Höhe ausge-zeichneten, sehr humusreiche Erde enthaltenden Hügel liegt in der Nägelstedter Flur auch der Warthök.

Neunheilingen.

Kirchdorf, 10 Km. nördlich von Langensalza, eins von den ehemals 8 oder 9 „Heilingen's" Dörfern, ursprünglich wohl „Neuen-Heilingen" geheissen. Das Rittergut war in älterer Zeit Sitz der Familie v. Heilingen, später der Grafen v. Werthern. Graf Gustav v. W. erbaute 1716, um während der herrschenden Hungersnoth den Arbeitern Verdienst zu verschaffen, das Schloss, in welchem Carl August von Weimar, Coadjutor v. Dalberg, Goethe und Schiller gern gesehene Gäste waren.

Die Kirche S. Petri und Pauli ist aus grauem Sandstein und Tuff in spät-gothischem Styl erbaut und besteht aus dem breiteren Schiff und dem schmäleren viereckigen Chor. Das an den Gewänden sauber gegliederte Sandsteinportal ist stark verwittert, das einfache Maass-werk der zweitheiligen Fenster noch unversehrt. Es finden sich an dem Gebäude die beiden Steinmetzzeichen Fig. 52.

Fig. 52.

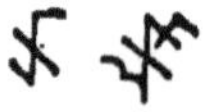

Im Innern der Kirche ist an der Wand ein Grabdenkstein aus Kalktuff mit der Inschrift:

„Caspar Friedrich von Beilingen ift geborn ao 1610
b. 10. April ist b. 15. Ap. getauft ao 1631 ben 31. Mai
mit fort gezogen b. 7. September in ber Schlacht von
Leipzig mitgewefen, ben 6. December zu Prag in Gott
f. entfchlaffen im 22. Jahr f. Alters, ben 27. XB Albier
unter biefem Stein begraben"

und dem Spruch 2. Tim. 4, 7. 8. An den Ecken des Steins sind die aus Sandstein gehauenen vier Ahnenwappen eingelassen. Das mit D. V. H. bezeichnete Heilingen'sche Wappen zeigt einen durch einen Balken quergetheilten Schild und auf dem gekrönten Helm zwei Adlerflügel.

An der im Chore befindlichen Kanzel ist das fein in Holz geschnittene und bemalte reichsgräfl. v. Werthern'sche Wappen mit 10 Feldern im Schilde und 3 Helmen.

Auf dem Thurm hängen 3 Läute- und 1 Schlagglocke, die ersteren 1,38, 1,03, 0,88ᵐ Durchmesser, die letztere 0,80ᵐ Durchmesser haltend. Von den Läuteglocken ist die grösste und die kleinste 1843 von Ulrich in·Apolda, die mittlere 1789 von Joh. Lorenz Koch in Mühlhausen gegossen worden. Die Seigerglocke hat die Inschrift:

CARNE VOS OBENTBROT ANNO MCCCCCXXXIII.

Neben der 1717 neu erbauten Begräbnisskapelle S. Crucis stehen zwei hohe Steinkreuze ohne Inschrift, deren Bedeutung unbekannt ist.

Etwa 2 Km. nördlich vom Dorfe auf dem höchsten Punkte der Feldmark liegt ein „Schwedenhügel" und ebensoweit südlich lag der durch die Separation verwischte „Klotzenberg," die Richtstätte, wo die Grafen v. Werthern ihre peinliche Gerichtsbarkeit über Hand und Hals übten, (zum letzten Mal am 6. September 1764.)

Oppershausen.

Kirchdorf, 14 Km. westlich von Langensalza. An dem östlich stehenden Kirchthurm ist ein Halbkreisbogen sichtbar, der sich auf einfache romanische Kämpfergesimse (Schrägen) stellt und wahrscheinlich zu einer ehemaligen Absis gehörte. Auch in der Glockenstube sind sehr rohe, gekuppelte, romanische Fenster bemerkbar, die aber theilweise reparirt erscheinen. Die Theilungssäule (s. Fig. 53) entspricht dem 12. Jahrhundert. Im übrigen ist die Kirche in spätgothischer Zeit erbaut, wie die obere Ueberschneidung des (Fig. 53, siehe umstehend) dargestellten Thürprofils und die Form des Steinmetzzeichens beweist.

An der nördlichen Aussenwand der Kirche befindet sich ein kleiner Grabstein eingemauert mit der Umschrift: „anns . 1.5.7.9 . ben 16. December . Haus . Ul . von . Seebach . geftorben . feines . Alters . 2 Tage . ber . Selen . gott gnabe . Oben sind zwei Wappen, rechts das von Seebach'sche (drei Seeblumen), links das von Diskau'sche (ein ausgebreiteter Schwan mit Schrägbalken). Unter den Wappen ist der kleine Verstorbene als Wickelkind auf einem Kissen dargestellt.

5*

Am Kirchen-Eingang ist ein Grabstein mit der Inschrift:

Anno 1582 ift die edle | vnd tugendfame Jung | frau anna maria
des eile | n vnd ehrnveften hans | von Elben feliger gede | chnis
dochter . felig . in . | got enfchlafen . vnd . ruh . | ed . alhie . bis
zu der herlic | hen zutonft. iefu chrif | ti . vnt . der . frehlichen . |
avferftehvnge der toden. (Ornament). Das Blut......

Fig. 53.

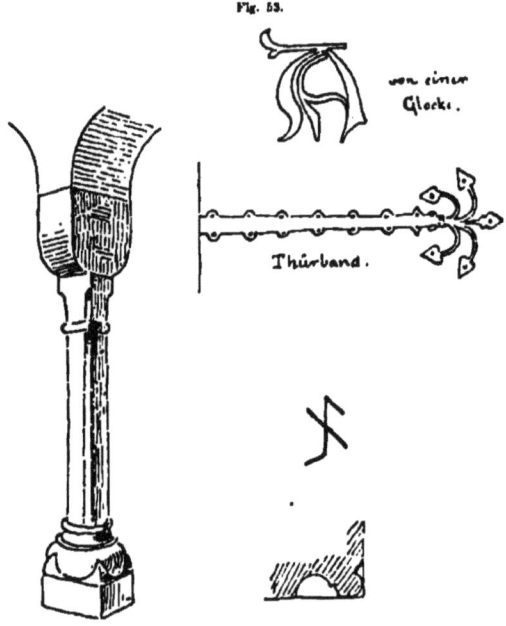

von einer
Glocke.

Thürband.

Auf dem Thurm hängen drei Glocken von 1,04, 0,85, 0,65ᵐ Durchmesser.
Davon hat die grösste die Minuskelschrift:

Anno . domini . m° . ccccc° . xiii° . maria feria tertia poft
allerq eft nomen eius .

Unter dem Majuskelinitial A (s. in Fig. 53) befindet sich eine Maria mit dem
Christuskind, und auf der Seite gegenüber sind drei Wappen: die drei Seeblumen
der v. Seebach; ein quergetheilter Schild, in der oberen Hälfte mit Hirschhals; und
ein Schild mit einem Ochsenkopf.

Die mittlere Glocke mit dem Spruch: „im namen gottes verbum domini
m i ae" ist 1608 von Melchior Mörinck in Erfurt gegossen. Ausserdem sind auf
derselben das v. Seebach'sche Wappen (mit dem ausgeschriebenen Namen Johannes

Georgius von Seebach auf Oppers) und das v. Dieskau'sche Wappen (mit dem Namen Diboria v. Seebach, geborne von Diskau) angebracht.

Schönstedt.

Ober- und Unterdorf, 5 Km. westlich von Langensalza, nebst Rittergut im Besitze der Familien von Hausen, von Kühn etc. Die beiden Kirchen sind ohne archäologisches Interesse.

Oberdorf. Der noch erhaltene obere Theil eines grossen zwölfeckigen romanischen Taufsteins (Fig. 54) von 1,04 ª Durchmesser, mit breitem Gesims und

Fig. 54.

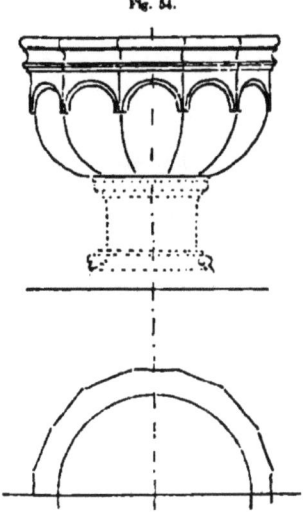

Bogenfries, deutet auf das frühere Vorhandensein eines alten romanischen Kirchengebäudes.

Auf dem Kirchthurm sind 3 Glocken von 1,22, 1,12, 0,88 ª Durchmesser. Die grösste Glocke hat folgende 2 Minuskelinschriften:

I. per heinricus fufa anno quingentefimo quarto . gelufa
quem ogelte ciegeler fumintonata . a ft . anna ego vocata.

II. ⁐ lucas ⁐ marcus ⁐ mateos ⁐ iohannes ⁐ fegimvnt be
hufen . vocitavit . procurantes qui reqiescant (!)

Die erste Inschrift, für deren richtige Lesung Verf. einsteht, besteht offenbar aus zwei Paaren gereimter Verse, aber abgesehen von dem fehlerhaften Heinricus (statt Heinricum) sind die Wörter gelusa (etwa — quo lusa?) und ogelte nicht zu erklären, und die Beziehung des quem bleibt unklar. Auch die zweite Inschrift enthält Unklares; der Sinn ist jedoch im Allgemeinen verständlich: Heinrich

Ciegeler hat die Glocke im J. 1504 gegossen, und Segimunt von Husen hat ihr den Namen Anna gegeben. Dieser ihr Taufname steht noch ausserdem zweimal, hüben und drüben, auf der Glocke.

Die mittlere Glocke rührt von demselben Giesser und aus demselben Jahre her; sie hat die deutsche Minuskelinschrift:

maria ꝟ ꝑeis ich ꝟ ꝑeinrich ciegeler gos mich ꝟ anno m. ꝟc. iiii.
iꝑs iꝟngeꝑane plb⁹.

Auf jeder Seite ist ein Brustbild der Maria mit dem Kinde angebracht.

Die kleine Glocke ist von Christoph Kleinschmidt in Mühlhausen 1738 gegossen.

Unterdorf. Die Kirche ist vor 20 Jahren an den beibehaltenen alten Thurm angebaut. Die drei Glocken haben 1,18, 0,93, 0,75 ᵐ Durchmesser; die grosse ist 1773 von Joh. Lorenz Koch in Mühlhausen, die mittlere 1819 von Gebr. Lange in Erfurt und die kleine 1866 von Lorenz in Mühlhausen gegossen.

Seebach.

Kirchdorf, 11. Km. nordwestlich von Langensalza, in mittelalterl. Urkunden Sebeche, Seebech etc., der alte Stammsitz derer von Seebach, die jedoch seit über 300 Jahren nicht mehr hier ansässig sind, sondern in Oppershausen und Grossgottern.

Im Mittelalter wurde Niedern- oder Wenigen-Seebach von Ober-Seebach unterschieden; ersteres ist jetzt zur Wüstung geworden. Das Schloss des Rittersitzes ist ein rohes, wenn auch in 4 Etagen, theilweise von Fachwerk erbautes Gebäude. Demselben zur Seite steht ein geschmackvollerer Herrensitz der Freiherren von Berlepsch, in deren Besitz sich das Rittergut seit Anfang des 16. Jahrhunderts befindet. Das alte Schloss war ehemals durch einen breiten Wassergraben mit Zugbrücken geschützt.

Die Kirche rührt aus drei verschiedenen Bauzeiten her. Der älteste Theil ist der Thurm, welcher, zwischen dem aus dem 18. Jahrh. stammendem Schiff und dem ebenfalls nicht mehr ursprünglichen Altarhause stehend, zwischen beiden in seinem unteren Theile eine überwölbte Durchgangshalle bildet. Die in Fig. 55

Fig. 55.

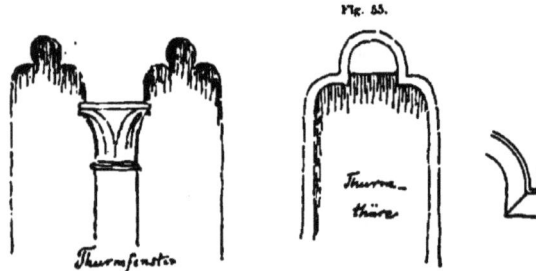

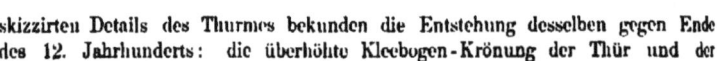

skizzirten Details des Thurmes bekunden die Entstehung desselben gegen Ende des 12. Jahrhunderts: die überhöhte Kleebogen-Krönung der Thür und der

gekuppelten Schallöffnungen, das kelchförmige Schilfcapitäl an dem Theilungs-
säulchen der letzteren, sowie das Profil des ersten Gurtgesimses mit dem darunter
angebrachten eleganten Rundbogenfries. Die Thurmhalle öffnet sich in zwei Rundbögen, die mit einem Rundstabe eingefasst sind, und das Kreuzgewölbe derselben
setzt auf vier Ecksäulen auf, von denen die entsprechend gebildeten Kreuzgurte
ausgehen.

Im Altarraume befinden sich drei ältere Epitaphien der Familie v. Berlepsch:
1. Caspar v. B., Amtmann des Eichsfeldes und erster Lehnbesitzer von Seebach,
† 1573. 2. Seine beiden Ehefrauen. 3. Christoph v. B. † 1608. Dieses Grabmal
enthält in weissem Alabaster ausgeführte figurenreiche biblische Scenen, in der
Mitte die Grablegung und Auferstehung Christi; das Architektonische ist aus
grauem Alabaster hergestellt.

Auf dem Thurme sind drei Glocken von 1,15, 0,94, 0,86 ⁻ Durchmesser, von
denen die grösste durch die Gebrüder Ulrich in Apolda im J. 1870 umgegossen
ist. An der zweiten befindet sich oben herum der incorrect wiedergegebene
englische Gruss in Minuskeln:

> ᴄ aɹe ᴑ maria ᴑ gracia ᴑ plena ᴑ bomine ᴑ tecum ᴑ benedicta
> ᴑ mulier ᴑ | class + adelholt +

Die Jahreszahl fehlt; da aber anderweit nachgewiesen ist, dass um das Jahr
1430 ein Giesser Namens Claus Adelholt zu Erfurt lebte und für die Stadt Langensalza einige Kanonen goss, so darf die Glocke annähernd in dieselbe Zeit gesetzt
werden. Die dritte Glocke ist von Melchior Möringk in Erfurt im Jahre 1610
gegossen.

Sundhausen.

Kirchdorf, bereits sehr frühzeitig erwähnt, in der Namenform Sunthusun,
Sundhvsen, 7 Km. nordöstlich von Langensalza, und in Ober- und Unterdorf
getheilt. Die Kirche S. Bonifacii im Unterdorfe stammt aus verschiedenen Zeiten:
der Altarraum aus dem Ende des fünfzehnten Jahrhunderts, das Schiff und der
Thurm von 1591 und 1592. Im Altarraum befindet sich nördlich eine Sacraments-
nische, und südlich der Grabstein der Frau Anna verwittw. von Schiedungen, geb.
von Rehen, † 1627, mit den Wappen der Familien von Schiedungen, von Rehen,
von Hanstein und von Rosbach in den vier Ecken. — An der zu Anfang des
18. Jahrh. neu errichteten Kanzel sind fünf rohgeschnitzte Heiligenfiguren (Maria
mit Krone und Reichsapfel, Johannes Bapt. mit dem Gotteslamm, Petrus mit dem
Schlüssel, Paulus mit dem Schwert und Matthäus mit der Hellebarde) aus spätgothischer Zeit angebracht, welcher auch die jetzt über dem Beichtstuhle befindliche Passionsgruppe angehört.

Die Kirche besitzt einen Kelch im Style des 15. Jahrhunderts, an dessen
sechseckigen Schafte über und unter dem Nodus die Namen Jhefus und Maria
eingeritzt sind. Auf dem sechsblättrigen Fusse, neben dem Signaculum, befindet
sich der Name der Geberin M. v. D. G. v. S., 1610 (Margarethe von Döpfer, geb.
von Schiedungen) nebst dem Doppelwappen. — Auch wird noch ein in Wolle auf
Stramin gesticktes Rückenkreuz von einem Messgewande aufbewahrt mit den
Darstellungen der Kreuzabnahme, der Grablegung und der Auferstehung Christi.

Die drei auf dem Thurme befindlichen Glocken sind erst 1874 von C. F. Ulrich in Apolda gegossen und haben 1,00, 0,80, 0,66 ᵐ Durchmesser.

Im Oberdorfe, da wo jetzt der Gemeinde-Gottesacker sich befindet, stand bis gegen 1700 noch eine Kirche Beatae Mariae virginis, von welcher jedoch nichts mehr vorhanden ist. Für Leichenbegängnisse hat man hier in einem offenen Glockenstuhl eine Glocke von 0.74ᵐ Diameter aufgehängt, die 1875 von C. F. Ulrich in Apolda gegossen ist.

A'm östlichen Ausgang des Dorfes findet sich eine wallartige Umfriedigung von Gartenflächen, deren Bestimmung jedesfalls fortificatorisch gewesen ist, doch wusste man dem Verf. darüber nichts Gewisses mitzutheilen. Einige bezeichnen die Stelle als eine „Schwedenschanze," Andere behaupten, es habe hier eine Burg gestanden. — Südwärts am Wege nach Nägelstedt liegt der Rangenhök, der zwar bei der Separation im J. 1858 unangetastet geblieben ist, auf dem aber schon im vorigen Jahrhundert Nachgrabungen stattgefunden haben, bei welchen Todtenurnen gefunden worden sein sollen.

Tennstedt.

Kleine Stadt, 14 Km. nordöstlich von Langensalza, am Zusammenfluss mehrerer Bäche, des Seltenrein, Schambach und Bruchborn, von denen namentlich letzterer oft hohe Fluthen aus tiefen Schluchten bringt und dadurch grosse Wassersnoth veranlasst. Aeltere Namenformen sind Dennistede, Denstadt, Tannstadt (latinisirt Tannstadium). Seinen Ursprung verdankt der Ort anscheinend den Ansiedlungen im Schutze zweier Burgen, deren eine westlich, die andere östlich lag; es ist aber nicht bekannt, wer auf denselben gesessen hat; sie wurden von den Landesherren an Burgmannen verliehen. Stadtrecht soll der bereits im 12. Jahrh. ansehnliche Flecken im 13. Jahrh. erhalten haben. Ein Rathhaus soll 1377 erbaut worden sein. Ausführlichere Nachrichten sind erst über die Erbauung der Stadtmauer vorhanden, wozu Herzog Wilhelm der Tapfere 1448 die Erlaubniss ertheilte und den Tract durch seine Bevollmächtigten feststellen liess. Die Bausteine wurden zum Theil von den bereits im Verfall begriffenen Burgen entnommen; die Baukosten hatte die Bürgerschaft zu tragen, wobei man die Strafgelder und Bussen zu Hilfe nahm, mit denen Zank, Schlägerei und andere Vergehungen belegt wurden. Die Bussen bestanden nicht bloss in Leistung von Baufuhren, sondern Einzelne mussten zur Strafe eine Gerte, oder zwei oder drei, zumeist aber vier Ruthen Mauer aufführen lassen. Es kann daher nicht Wunder nehmen, dass der mit Wichhäusern und Thorthürmen ausgestattete Bau 41 Jahre währte, und dass einzelne Strecken öftermals wieder einfielen. Wo die Mauer stellenweise zu niedrig erschien, setzte man im dreissigjährigen Kriege eine hölzerne Brustwehr darauf, was dem Städtchen den Spottnamen „Flachsveste" eintrug. Seit Errichtung der Ringmauer hat Tennstedt vier Thore:

das Osthöver Thor, in Osten, welchem 1579 ein neuer achteckiger Thurm aufgesetzt wurde;

das Gebische (nach Gebesee führende) Thor, ebenfalls an der Ostseite; es war der grösseren Sicherheit halber von 1641—1647 zugemauert;

das Wenigen-Tennstedter Thor oder Langensalzaer Thor, in Westen; es führte zunächst nach dem Dorfe Wenigen-Tennstedt, welches 1489 durch

Kauf von Görg v. d. Heide an den Rath übergegangen war, aber 1641 von den eigenen Bewohnern, welche nach der Stadt zogen und daselbst die durch den Krieg wüst gewordenen Baustellen einnahmen, aus Furcht vor Plünderung und Brandlegung mit Genehmigung des Raths abgebrochen wurde; das Brückenthor, in Norden.

Nach der landesherrlichen Bestimmung fing der Bau der Stadtmauer beim Osthöver Thore an, und man baute zuerst die Südseite, und so weiter um die Stadt herum, bis zum Brückenthor, wo man 1483 anlangte, wie ein noch vorhandener Wappenstein (Fig. 56) mit der betreffenden Jahreszahl bekundet. In der Mitte

Fig. 56.

des Schriftbandes ist das Wappen des Steinmetzen in einem kleinen Schilde angebracht, und zu Füssen des sich auf Wilhelm, Herzogs zu Sachsen, Landgraf in Thüringen und Markgraf zu Meissen († 1483) beziehenden landesherrlichen Wappens lehnen 2 Schilde mit dem redenden Stadtwappen, einer Tanne. Auf späteren Stadtsiegeln (und noch jetzt) erscheint indess die naturfarbene Tanne im silbernen Felde nicht im Erdboden, sondern ausgerissen, mit einem aufgerichteten (thüringischen?) Löwen zur Rechten und einem stehenden Bischof (Bonifacius?) zur Linken (Fig. 57 a). — Ein am Wenigen-Tennstedter Thor eingesetzter Wappenstein mit dem kursächsischen Wappen ohne Jahreszahl (Fig. 57) datirt (nach Toppius, bei Gregorii S. 32) von 1579 und bezieht sich also auf den damaligen Landesherrn, Kurf. August von Sachsen (1553—1586). — Neben dem Gebischen Thore, wo das

Wasser aus der Stadt fliesst, wurde die Grösse des Groschenbrods an der Mauer eingehauen, und am Wichhause zwischen diesem und dem Osthöverthor die Grösse des Sechspfennigbrods: beide Steine waren 1648 noch zu sehen. — Von den Thorthürmen steht nur noch der Osthöver Thurm; die drei übrigen Thorthürme sind

Fig. 57 a.

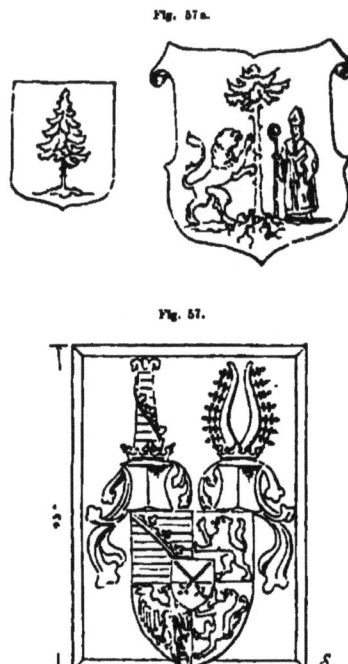

Fig. 57.

im Laufe dieses Jahrhunderts abgebrochen worden, weil sie beim Einfahren der Feldfrüchte hinderlich waren. Auch der nordöstliche Theil der Stadtmauer, vom Osthöver bis zum Brückenthore, ist in den Jahren 1872—75 mit höherer Genehmigung abgetragen; die Gräben an der Mauer sind längst zugefüllt.

Bei Erbauung der Stadtmauern scheint die westliche Burg bereits in Trümmern gelegen zu haben, und es stand nur noch die mit einem Teiche umgebene landesherrliche Burg in den Osthöven. Die dazu gehörigen 6 Hufen Land hatten indess die Bürger bereits 1438 durch Kauf erworben, und die baufälligen Gebäude gingen 1484 behufs Abbruchs ebenfalls an Rath und Bürgerschaft über; endlich verkaufte ihnen der letzte Burgmann, Hans Schullen, 1485 seine Kemnate mit Zubehör auf und vor der Burg für 20 Gülden. Die letzten Mauerstücke wurden 1610 abgetragen, und die Steine zum Neubau des Rathhauses verwendet.

In politischer Beziehung erfuhr Tennstedt im Allgemeinen dieselben Schicksale und Wandlungen wie die grössere Nachbarstadt Langensalza. — Für die Betheiligung an dem Bauernaufruhr 1525 musste das Städtchen nach der Häuserzahl 3050 Gulden Strafe an Herzog Georg zahlen. — Die Reformation wurde 1551 eingeführt. — Im dreissigjährigen Kriege erlitt Tennstedt 6 Plünderungen, und wurde 1684 und 1685 von zwei grossen Feuersbrünsten heimgesucht, wobei nur die Kirche, Pfarr-, Schul- und 5 Häuser in der Vorstadt verschont blieben.*) In den Befreiungskriegen wurden die Acten des Rathsarchivs von ¦französischen und russischen Heeresabtheilungen beim Wachtfeuer verbrannt.

Tennstedt hat drei Kirchen: die Pfarrkirche, die Gottesackerkirche und die Hospitalkirche.

Die an der südlichen Stadtmauer ziemlich hoch gelegene Pfarrkirche zur h. Dreifaltigkeit, deren Gründung unbekannt ist, besteht aus dem dreischiffigen Langhause und dem einschiffigen Altarhause von der Breite des Mittelschiffes. Ersteres aus leicht auflöslichem Stein erbaut, ist nach einem Brande von 1636 bis 1659 wieder hergestellt und mit einer Holzdecke versehen worden. Sonderbar nimmt sich das Westportal mit den an beiden Seitenwandungen ganz verschiedenen Profilirungen, die im Scheitel des Spitzbogens so disharmonisch auf einander stossen, dass ein Rund- oder Birnstab der einen Seite mit einer Hohlkehle der anderen Seite zusammentrifft, was sich zweimal wiederholt. Das dreiseitig geschlossene Altarhaus ist mit Kreuzgewölben überspannt, und eine an' der nordöstlichen Aussenwand befindliche Minuskelinschrift

anno ...... i . m . cccc .
ɥo . m . ſcɗa . p⁹ . io
bilate . e . ɥoc . ʒ ɩcbob (? inceptum)

giebt Auskunft über die Erbauungszeit im J. 1418. Bemerkenswerth ist die Anordnung zweier quadratischer Thürme in den Winkeln zwischen dem Altarhause und den Seitenschiffen, welche über die Flucht der Seitenschiffe hinaustreten, und von denen der südliche, einen grösseren Flächenraum bedeckend als 'der nördliche, im Grundplane der Kirche kreuzarmartig erscheint. Der Nordthurm ist mit einem spitzen Helm gekrönt, und der höher aufsteigende Südthurm ¦geht nach oben in Barokformen über. Die Kanzel datirt von 1659, der mit vier Säulen und Tabernakeln geschmückte Taufstein von 1682. — Das Innere der Kirche ist 1875 restaurirt.

In der Sakristei befinden sich drei auf Holz gemalte Brustbilder von Bischöfen oder infulirten Aebten, nicht ohne allen Kunstwerth.

Auf beiden Thürmen vertheilt sind vier schöne Glocken von 1,86, 1,46, 1,03, 0,70ᵐ Durchmesser. Die grösseste ist von Jacob König in Erfurt 1641 gegossen und mit vielen Personalnachrichten versehen. Auf jeder Seite sind zwei Medaillons

---

*) Beiläufig mag hier erwähnt werden, dass den Chronisten zufolge die Stadt jedesmal den durchreisenden Landesfürsten „den Tisch habe decken lassen und ganz in specie mit frisch gebackenem Speck- und Zwiebelkuchen tractirt habe.“ — Diesem alten Brauche gemäss wurde bei der ersten Durchreise Königs Friedrich Wilhelm IV. demselben der herkömmliche Kuchen in den Reisewagen gereicht und so das Vorrecht der guten Stadt gewahrt.

von 16ᶜᵐ Durchmesser mit den Namen der vier Evangelisten, und an der Nord-
und an der Südseite befindet sich das Tennstedter Wappen je zweimal neben einander,
nördlich mit der Beischrift „DANSATT gegossen", südlich „DANSTAT gegossen".
Die nächstfolgende Glocke hat die obere Umschrift:

**CASPAR BEWER VON SONDERSHAVSEN GAB MIR DIE WEISS,
IESVM CHRISTVM MIT DANK ICH PREIS . M . DC . XXXVIII .**

Die dritte hat die Minuskelumschrift:

anno . dm . roc . rum ges mich h . c . in fant anna .

Sie ist vielleicht von H(einrich) C(ampen) gegossen.
Die vierte sogenannte Taufglocke hat die zum Theil unklare Minuskelinschrift:

anno . doï . mᵒ . .cccᵒ lrᵗᵒ + fib + fibt anᵒ . bñ . Jobis +

Die Gottesackerkirche S. Nicolai ist ein einschiffiger gothischer Bau
roher Form mit Holzdecke und mit einem kleinen Dachreiter. Sie hatte vermuth-
lich bei dem Stadtbrande von 1685 gelitten, und die Nachricht des Chronisten
Gregorii, dass der Bau der Gottesackerkirche 1689 angefangen worden sei, wird
sich nur auf ihre Wiederherstellung beziehen.
Die Hospitalkirche S. Spiritus ist ein kleines zopfiges Bauwerk ohne
Interesse.
Das ganz verbaute, thurmlose Rathhaus gehört der späteren Renaissance an.

Die vorstehenden älteren Nachrichten zur Geschichte von Tennstedt sind haupt-
sächlich entnommen aus M. Joh. Gottfr. Gregorii, Histor. Nachricht von Tänstädt.
Erffurt 1711, 110 S. kl. 8, und besonders 'aus dem darin S. 15—36 enthaltenen,
wörtlichen Abdruck des sehr selten gewordenen Schriftchens: Glückliche Grund-
legung und Anfang der Stadt-Mauern zu Tenstet . . . . durch Andream Toppium.
Erffurdt gedr. in der Spangenbergischen Druckerei (1648). Der Verfasser Andreas
Topf war Pfarrer des abgebauten Dorfes Wenigen-Tennstedt. — Ueber Andreas
Topplus als Historiker s. Scrapeum 1864. Nr. 17. von Dr. C. F. Hesse.— In Merian's
Topographie von Obersachsen S. 180 findet sich eine gute Ansicht von Tennstedt
aus der Zeit um 1650.

Thamsbrück.

Kleine Stadt, 3,5 Km. nördlich von Langensalza, deren jetziger offenbar cor-
rumpirter Name Thammesbrücken, Thamsbrücken erst seit etwa 1525 (in auswär-
tigen Schriftstücken) nachweisbar zu sein scheint, da man im Mittelalter (in Urkunden
von 1288 bis 1525) stets Thungisbrucken, Thungesbrucken *) schrieb. Der Ort
gilt nächst Langensalza als einer der ältesten in Thüringen und verdankt seinen
Ursprung höchst wahrscheinlich seiner Lage, am linken Ufer der Unstrut, auf

---

*) Der Namensstamm „tung" bezeichnet eine von Wassergräben, von Sumpf oder Moor
umgebene Landspitze, Landzunge (engl. tongue). Im Westfälischen ist „dle Donk" ein durch
Dämme gegen Wasserfluthen geschütztes Feld, bei den Holländern = polder. Gleichem Stamme
angehörig ist der Ortsname Tüngeda, im Volksmunde Tüngen (12 Km. südlich von Langensalza),
ebenso Tonna, urkundl. auch Tonga (6 Km. östl. von Langensalza); beide lehnen sich an morastige
Niederungen. — Vergl. Jahrb. d. Vereins von Alterthumsfreunden im Rheinl. XLIII, 53; XLIX,
180; LII, 38.

einem westlich etwas steil abfallenden Gypsberge, an einer Stelle, wo auf eine lange Strecke des Flusses der einzige, also sehr wichtige Uebergangspunkt war. Die hier wohl schon sehr frühzeitig errichtete Brücke wurde durch Befestigungen geschützt, und in einer Urkunde von 1288 nennen sich die „cives munitionis Thungisbrucken", und in einer anderen von 1291, die durch das Siegel der „universitas et municio" bekräftigt wurde, bezeichnen sich die Aussteller „Theodericus dictus apud ecclesiam et Gisilerus dictus apud ecclesiam (2 Brüder) et lodwicus de vbeche" als „milites in Thungesbrucken." Ein Siegel der „civitas Thungisbrucken" kommt 1296 vor, wo der Ort also bereits Stadtrecht besessen haben muss; ein „oppidum Th." wird 1323 erwähnt. — Das Vorhandensein einer landesherrlichen Burg (Thungisborck) wird durch den in der Bergkirche zu Langensalza befindlichen Leichenstein des Ditericus de Salza († 1308) — oben S. 49 Fig. 32 — bekundet, auf welchem der Verstorbene als „castellanus in Thungisborckin" bezeichnet wird. 1323 ist Dietrich von Weberstedt Vogt (advocatus) in Thungisbrucken, 1328 ist Theodericus de Besa advocatus castri Thungisbrucken, und 1340 erscheint Heinrich, „dictus bey der kerchen" als „castrensis" (Burgmann) in Th."; in einer Kaufverhandlung vor den Rathsmeistern (proconsules) der Stadt, und als Zeugen werden Jon von Lengefeld und Dietrich von Salza „castrenses" daselbst, genannt. 1344 kommen „Scheppfen und Heymburgen" der Stadt vor.

Thamsbrück war einer der vier Dingstühle Thüringens; 1291 wird ein Kauf „in plebiscito" vor dem Ding der Bürger in Thungisbrucken verhandelt, 1304 geschieht Gleiches „in forensi plebiscito" vor dem Marktding, und 1443 kommen der herzogl. Richter, der Fronbote, die zwei Rathsmeister, der Kämmerer und drei Dingpflichtige „an gehegter Bank" vor.

Das Thamsbrück gegenüber, am anderen Flussufer belegene Kloster Homburg*) hatte Besitzungen in der Stadt und stand mit derselben im häufigen Geschäftsverkehr. Das Kloster erwirkte sich 1339 die landesherrliche Erlaubniss, den Otmarbach, der bei Thungesbrucken fliesst, in und durch das Kloster zu leiten, „ohne Schaden Andrer", die ihm 1420 bestätigt wurde.

 Fig. 68.

Schutzpatron der Stadt ist der Ritter S. Georg; er erscheint über eine Brücke reitend auf dem Stadtwappen, wie dasselbe unter dem kursächsischen Wappen mit der Ueberschrift A(ugust) . H(erzog) . Z(u) . S(achsen) . THAMSB. und unten mit der Jahreszahl 1557 am östlichen, dem sogen. Steinthore auf einem eingemauerten

*) Vergl. die Urkunden des Klosters Homburg, in den N. M. VIII. 2. S. 103 No. 110 f. und S. 108 — 124 No. 120 — 168, woraus die obigen geschichtlichen Notizen entnommen sind.

Steine dargestellt ist, und noch gegenwärtig im Stadtsiegel (Fig. 58.) geführt wird. — Die Stadtmauer, von welcher nur auf beiden Seiten des Steinthores noch Reste vorhanden sind, war von keiner Bedeutung und hat wohl niemals Thürme gehabt. — Die steinerne Brücke über die Unstrut war dem Schutze des h. Nicolaus befohlen; ein vor dem Dammthore bei derselben befindlicher Bildstock mit der Statuette des Heiligen wurde vor etwa 50 Jahren spurlos gestohlen. — Die landesfürstliche Burg, die 1544 von Kurfürst August an Sittich von Berlepsch überlassen war, ging 1858 in sehr baufälligem Zustande mit den dazu gehörigen Ländereien für 4200 Thlr. an die Stadtgemeinde über und wurde, bis auf einen alten viereckigen Thurm am nördlichen Ende, abgebrochen. Das Terrain sammt dem Wallgraben ist in Garten und Feld verwandelt. In der Nähe des Thurmes befindet sich ein Ackerstück, genannt „der Blutacker". Eine bei dem Schlosse belegen gewesene Kapelle S. Mauritii existirte anscheinend schon längst nicht mehr.

Die **Pfarrkirche** S. Georg, deren Gründung unbekannt ist, taucht seit dem 14. Jahrh. in den Urkunden auf. Im J. 1459 wird in derselben ein Altar des h. „Ciliax" (so!) erwähnt, und 1501 auf der rechten Seite vor dem Chor durch den Weihbischof Johannes von Sidon ein Altar der h. Anna geweiht und zugleich „aus besonderer Vorsicht" die Kirche nebst dem Kirchhofe (die also im Verdachte der Entweihung stehen mussten) wieder gesühnt. Bei dieser Gelegen-

Fig. 59.

heit bewilligte der Consecrator für diejenigen, welche die Kirche an bestimmten Festtagen und am Tage der Kirchenweihe, Sonntags vor S. Joh. Bapt. andächtig besuchen würden, einen vierzigtägigen Ablass*). Das vorhandene, 1873 renovirte Kirchengebäude stammt aus verschiedenen Jahrhunderten. An das aus dem J. 1669 herrührende Schiff schliesst sich östlich der aus der zweiten Hälfte des 15. Jahrhunderts stammende, ziemlich schwerfällige Thurm mit schlanker, von vier Eckthürmchen begleiteter Spitze. Derselbe hat sowohl im Erdgeschoss, das als Altarraum dient und mit einem Kreuzgewölbe überdeckt ist, als in der Glockenhöhe Spitzbogenfenster von kurzen Proportionen, die mit Maasswerk gefüllt sind. Vergl. Fig. 59.

Auf der Südseite des Thurmes ist die Sacristei angebaut. An deren Südwand befindet sich über dem Fenster in einer Nische mit etwas niedrigem Spitzbogen eine kleine beschädigte Reiterstatue des h. Georg aus Holz. Die Minuskelschrift um die Nische ist auch beschädigt und zeigt nur noch folgendes:

ano . dm . M . cccc . l . . . . c structura y . . l . . . wlp

---

*) Hiermit hängt wohl ohne Zweifel der sogen. „Thamsbrücker Ablass" zusammen, welcher am Montag vor Johannis als ein rein bürgerliches Volksfest noch jetzt durch einen Auszug der bewaffneten Bürgerschaft nach dem Commune-Rieth alljährlich gefeiert wird. Die damit verbundene Berennung, Vertheidigung und endliche Capitulation der Stadt, bei welchem kriegerischen Spiel es bisweilen auch blutige Köpfe setzt, soll angeblich den Kriegsruhm verewigen, den sich 30 Bürger der Stadt „bei dem ostfriesischen Zuge" (im ersten Drittel des 16. Jahrhunderts?) erwarben" und dafür mit einer Fahne belohnt wurden, welche bei dem Ablasszuge figurirt und 1875 erneuert wurde. — Lediglich der nicht mehr verstandene Name „Ablass" hat wohl später dazu verleitet, den Ablasskrämer Tezel mit in das Volksfest zu ziehen.

Im Thurmgewölbe ist ein geschnitztes Crucifix zurückgestellt, desgleichen ein Christus mit der Weltkugel, eine Maria mit dem Kinde etc., zum Theil beschädigt. Im Innern der Kirche befinden sich einige Grabsteine und Epitaphien:

1. Ein Grabstein mit Majuskeln sehr grosser Form:

**ARO ᦰ DRI ᦰ M ᦰ AAAA ᦰ VX | IX ᦰ KAL ᦰ IVRIAS ...
DA .... AABALS .... MILAS ....**

Das darauf befindliche Wappen: 3 Wecken in schräger Reihe mit je 3 Aehren oben und unten, deutet auf einen Schierbrandt; aus dem Namen-Bruchstück ist dies aber nicht herauszulesen.

2. Ein grosses Epitaphium an der Südwand mit den Wappen der von Berlepsch und von Haugwitz (? 1544).

3. Ein Grabstein, unvollkommen in der Schrift, giebt an:

**Claus . Ditterich . worm . | k . T . am die | Sage unser
lieben | fraw | cu geborn . am ein ux | dreißigsten Tare | in got |
verstorben**, mit dem Zeichen V

4. Ein anderer Stein zeigt ein Steinmetzzeichen und zwei Lilien.

Ausserhalb der Kirche ist ein Sandstein-Epitaphium angebracht mit dem Bilde eines Geistlichen in Talar und Krause und mit schwedischem Bart. Unten sind zwei unkenntliche Wappen und die beschädigte Umschrift .... ARIS DN . BERTHOLDIVS STARCKIVS; oben ist ein Schild mit drei Zeilen in hebräischer Schrift.

Auf dem Thurm hängen vier Glocken von 1,50, 1,17, 0,92, 0,68 ᵐ Durchmesser, die erste ist von Joh. Lorenz Koch in Mühlhausen 1807, die zweite und dritte von J. Gg. Uhlrich in Laucha 1743, die vierte von Melchior Möhringk in Erfurt 1608 gegossen.

In Nachrichten des Kirchenarchivs kommen ausser der bereits erwähnten Schlosskapelle noch zwei andere Kapellen (beatae Mariae virginis und S. Crucis) vor; auch von ihnen ist jedoch nichts mehr vorhanden.

Ueber die Erbauung des derzeitigen Rathhauses lässt sich Näheres nicht ermitteln, es scheint aber über die Mitte des 17. Jahrh. hinaufzureichen. — In der Archivlade wird ausser späteren Documenten das Erbbuch des Amts Thamsbrück von 1551 und ein gedruckter Sachsenspiegel von 1490 aufbewahrt.

Vor dem Steinthore (rechts von der Stadt her) steht der sogen. „Lögenstein," eine etwa 3 ᵐ hohe Betsäule mit jetzt leerer Bildnische, unten rings umher mit einer Steinbank.

Auf dem Gottesacker, nördlich vor der Stadt, scheint ein Grabstein von 1599 der älteste zu sein.

Tottleben.

Kirchdorf, 10 Km. nordöstlich von Langensalza. Die nichts Bemerkenswerthes darbietende und sich in schlechtem baulichen Zustande befindende Kirche enthält zwei Grabdenkmäler der Familie von Tottleben aus dem 18. Jahrh. mit vielen Wappen.

Neben der Kirche, unter einem besonderen Gerüst, hängen drei Glocken von 1,06, 0,82, 0,71 ■ Durchmesser; die grosse ist 1793 von Joh. Lorenz Koch in Mühlhausen, die beiden anderen sind von den Gebr. Ulrich in Apolda 1853 und 1854 umgegossen.

Ufhoven.

Kirchdorf, 1,5 Km. südwestlich von Langensalza. Vgl. oben S. 19.

Die Kirche ist 1725 auf der Stelle der alten neu erbaut. Sie enthält noch einige alte Grabsteine, die aber zum Theil durch Stühle verdeckt sind.

1. Ein Ritter mit kleinem Buch in der Rechten und dem Degen in der Linken; zwischen den Füssen ein Helm und in den Ecken die vier Ahnenwappen mit der Inschrift: anno 1613 d. 12. Jan. ist der edle und gestrenge und ehrenfeste Herman Goldacker zu Ufhoven im Herrn etc.

2. Daneben ein Ritter mit Hammer, Dolch, Schwert und der nur noch allein lesbaren Jahreszahl „Anno domini 1558; es sind aber daran das von Goldacker'sche und das von Werthern'sche Wappen (ein Kopf im Schild, als Helmzier eine Mütze, woran spitze Ohren (?)) erkennbar.

In der Kirche steht ein alter, reich beschlagener Kasten, in welchem unter anderen aufbewahrt werden:

Ein silberner vergoldeter Kelch, aus der späteren Renaissance.

Ein desgl. aus früherer Zeit von klassischer Form, am sechsseitigen Schaft oben mit den Buchstaben IOHANS, am Nodus mit CMVDBI, am unteren Theile des Schafts: ✠ RVAVS, und auf dem sechsblättrigen Fuss mit dem v. Goldacker'schen Wappen bezeichnet.

Ein anscheinend frühromanisches Crucifix aus Kupfer mit Spuren von Versilberung. Die Füsse des Gekreuzigten, der einen unschicklichen Husarenbart hat und mit dem Lendentuche gegürtet ist, sind neben einander aufgestellt, nicht angenagelt.

Ein messingenes Taufbecken, sehr gut geschlagen und erhalten, in der Mitte die Verkündigung Mariae, und darum fünfmal jene räthselhafte, noch nicht mit Sicherheit gedeutete Beckenschrift, mit einzelnen Blättchen als Randverzierung und einem gothischen, um einen Stab gewundenen Ornament.

Im Schiffe hängt ein grosser Messingleuchter, woran die Nachricht: Den 22. December 1725 verehret dieses drei Schwäger Hans Riese, Hans Lindemann, Hermann Christoph Rödiger.

Auf dem Thurm sind drei Glocken von 1,30, 1,05, 0,86■ Durchmesser, die grosse, 1872 von C. Fr. Ulrich in Apolda, die beiden anderen 1853 durch Gebr. Ulrich daselbst und in Laucha gegossen. —

Am westlichen Ende des Dorfes liegt das Rittergut der Herren von Goldacker, das erst die Herren von Salza besessen hatten, welche auf einer von Wassergräben umschlossenen Burg im Thale residirten und mit Hermann von Salza, Herrn von Döllstedt, 1409 in dieser Linie ausstarben. Ihr Besitz fiel nun an die Landgrafen, wurde wiederholt von diesen an ihre Ministerialen von Goldacker verpfändet und zuletzt ihnen eigenthümlich überlassen. Das jetzige Gutsgebäude, ohne architectonische Bedeutung, ist 1549 von Georg von Goldacker erbaut. Die ganze alte Burg sammt Thurm, die wegen der vielen Erkerbauten nicht ohne malerische Wirkung war, ist erst vor Kurzem, weil die Gebäude angeblich viele Reparaturen verlangten, oder weil man den Platz anderweit zu benutzen wünschte, abgetragen und dem Erdboden gleich gemacht worden. Niemand wird in einigen

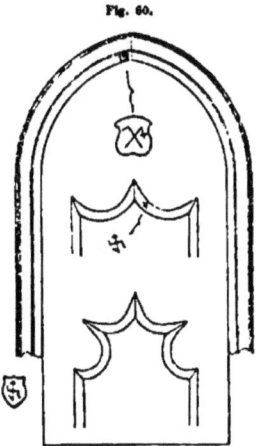

Fig. 60.

Jahren mehr sagen können, wie die Burg aussah; einige von dem Verf. vor 30 Jahren abgezeichnete spätgothische Thüren und Fenster sind Fig. 60 hier beigefügt; sie waren entschieden aus der zweiten Hälfte des 15. Jahrhunderts.

Das Dorf Ufhoven war auf drei Seiten durch eine Mauer, auf der vierten, nördlichen durch den wasserreichen Salzabach geschützt; 3 Thore führten in das Dorf, das in einigen Urkunden „Flecken" heisst.

(Gross-) Urleben.

Kirchdorf, 10,5 Km. nordöstlich von Langensalza. Die Kirche ist mehrfach umgebaut und um 1580 in die jetzige Form gebracht; der westlich stehende Thurm, der bis vor einigen Jahren in altsächsischer Weise von den nach Nord und Süd fallenden Schmalseiten aus abgewalmt war, hat jetzt eine Pyramide bekommen, unter welcher drei alte Glocken hängen, von 1,13, 0,88, 0,49 ᵐ Durchmesser; die grosse von 1516 hat die Minuskel-Umschrift:

anno dei no esi ges mich b r in sant Anna chre

„b r" bezeichnet offenbar den Namen des Giessers.

Die mittlere von 1278 hat eine schlankere Form und die Majuskel-Inschrift:

✠ ANNO DOMINI M CCLXXVIII FVSA SVM

und gehört also zu den ältesten bekannten datirten Glocken in Deutschland.

Die kleinste Glocke ohne Schrift zeigt an der Seite ein Medaillon mit einem Adler und darunter fünf Kreuze:

☩

☩ ☩ ☩

☩

(Klein-) Urleben.

Kirchdorf, 10 Km. nordöstlich von Langensalza. Die Kirche liegt auf einem Bergrücken, mitten zwischen den beiden Dörfern Gross- und Klein-Urleben, weit sichtbar, und wird auch desshalb „Bergkirche" genannt. Es befinden sich darin mehrere Grabmäler im späten Renaissance-Styl, die sich auf die Familie v. Berlepsch beziehen. Das werthvollste ist von schwarzem Alabaster, und ein anderes grosses Epitaphium aus grauem und weissem Alabaster zeigt einen knieenden Ritter und dessen Gattin und enthält viele Reliefs aus der biblischen Geschichte, in der Mitte, von 16 Wappen umgeben, die Auferstehung Christi.

Ausserdem sind in der Kirche die Bilder des Erich Volcmar v. Berlepsch und seiner Gattin Lucretia, geb. v. Schleinitz vom J. 1580, sowie die Porträts von Luther und Melanchthon aus derselben Zeit.

Auf dem westlich stehenden Thurme hängen 3 Glocken von 1,03, 0,84, 0,65 ᵐ Durchmesser. Die grosse hat die Minuskel-Inschrift:

☩ anno ☩ dm ☩ m ☩ cccc ☩ un ☩ confolor ☩ viva ☩ fleo
☩ mortua ☩ pello ☩ nociva ☩ a

Die mittlere besitzt die Majuskel-Inschrift vom J. 1351:

☩ ARRO ○ DOMIRI ○ M ○ CCC ○ L ○ I ○ HI ○ V ₵

Die kleine hat wie die grosse die Minuskel-Inschrift:

☩ ano + dni + m + cccc + ij + confolor + viva + fleo + m
+ pello + nociva + a

(Gross-) Vargula.

Kirchdorf, 10 Km. östlich von Langensalza. Die schmucklose Kirche ist nach Angabe des Chronisten Olearius (Syntagma rer. Thuring.) 1434 erbaut. Sie hat keinen eigentlichen Thurm, sondern nur einen Anbau für das Geläute. Am gegliederten Seitengewände des spitzbogigen westlichen Hauptportals sind (Fig. 61.) in der Hohlkehle Andreaskreuze als umlaufende Verzierung angebracht.

Fig. 61.

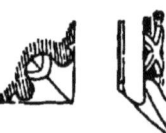

Die Kanzel ist aus Stein und bildet ein von der Figur des Moses getragenes Sechseck; am Rande der Fussbodenplatte steht der Spruch: Gal. 3 (V. 24) das Gesetz etc. An den fünf Feldern der Brüstung sind in der Mitte Christus mit Weltkugel und mit erhobener Rechten stehend, und auf beiden Seiten je zwei Evangelisten mit ihren Symbolen, sitzend dargestellt. Oben herum steht: verbum domini manet in aeternvm an chri 1609. Unter den Figuren der Evangelisten stehen die Sprüche: 1. dv bist Chris. des etc. (Matth. 16,16.) 2. des menschen son ist nicht kommen etc. Marc. 10. (V. 45.) 3. Johan. 14. (V. 6): Ich bin der Weg, die Wahrheit vnd etc. 4. Lucae 19. (V. 10): Des Menschen Son ist kommen zv etc. 5. Johan. 1 (V. 29): Siehe das ist gottes lab das etc. — Die Treppe zur Kanzel ist 1691 erneut.

In der Nähe der Kanzel ist ein steinerner Opferstock mit der Jahreszahl 1571 aufgestellt (s. Fig. 62).

Hinter dem Altare ist an der Kirchenwand nebst einigen Waffenstücken das Wappen derer von Sommerfeld aufgehängt. Der quadrirte Schild zeigt (1 u. 4) eine goldene Lilie im blauen Felde und (2 u. 3) einen Fisch. Den Helm schmückt zwischen zwei blau und gelb wechselsweise in der Mitte getheilten Büffelhörnern die goldene Lilie.

Die drei Glocken haben 1,19, 1,02, 0,63 ᵐ Durchmesser. Die grösste derselben ist 1562 von Eckart „Kuchgen" gegossen, mit dessen Lieblingsspruch „verbum domini manet in aeternum", die mittlere von Benjamin Sorge in Erfurt 1850 und die kleine von Jacob König in Erfurt 1648.

In diesem Dorfe (780 „Vargalaha, Fargala"), auf einer Halbinsel, d. h. auf einer grossen Serpentine des Unstrutflusses, befand sich das alte Schloss der Schenken von Varila (Vargula), welche im frühen Mittelalter eine so ehrenvolle Vertrauensstellung, namentlich am Hofe des Landgrafen von Thüringen einnahmen und nachdem sie bereits zu Ende des 13. Jahrh. sich ihres Sitzes an die von Trefurt,

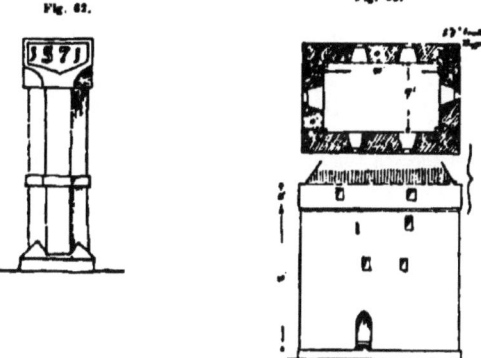

Fig. 62.

Fig. 63.

Spangenberg und Stutternheim) entäussert hatten, in der zweiten Hälfte des 14. J. ausstarben. (Vergl. Mitthl. des Erf. Alterth.-Ver. I. S. 45.) 1340 verkaufte Abt Heinrich von Fulda Vargula an den deutschen Orden, und dieser 1385 an den Rath der Stadt Erfurt, welche wegen dieser acquirirten Herrschaft ein schwarzes sechsspeichiges Rad im silbernen Felde in ihr Wappen aufnahm.

Noch im Jahre 1856 befand sich auf dem durch vier runde Eckthürme begrenzten Schlossrevier ein steinernes Eingangsthor hinter ursprünglicher Zugbrücke, und rechts hinter diesem Thor ein mächtiges, aus dem Jahre 1443 stammendes Vorrathsgebäude, ein Kornschüttboden von 60' Länge, 29' Breite, 40' Höhe, mit zehn Fuss dicken Mauern und ziemlich kleinen Fenstern (Fig. 63). Eine 9 Fuss hohe Brustwehr umfasste die steinerne, dahinter belegene Dachrinne für das steile Ziegel-Walmdach. Eine Treppe führte nur im Innern der 10 Fuss starken Umfassungsmauer nach den verschiedenen Etagen, welche colossale Balkenlagen, Träger und Stützen enthielten. Jetzt ist das Gebäude abgetragen.

(Klein-) Vargula.

Kirchdorf, 11,5 Km. östlich von Langensalza. In der einfachen, erst zu Anfang des 18. Jahrh. erbauten Kirche befinden sich ausser einer alten, vom Wurm zernagten Figurengruppe (S. Anna selbdritt) die Epitaphien des Hans Vitzthum v. Eckstedt † 1607 und des Friedrich Vitzthum v. Eckstedt † 1651.

Auf dem Thurm sind drei Glocken von 0,90, 0,69, 0,58 ᵐ Durchmesser; die grosse ist von Wolfg. Geyer 1651, die mittlere von Sorber 1742 in Erfurt, die kleine von J. Christian See in Kreuzburg 1819 gegossen.

Nördlich, dicht beim Dorfe, zu beiden Seiten des nach Clettstedt führenden Weges stehen zwei steinerne Kreuze, die Bonifaciuskreuze genannt werden, aber wohl nur Mordkreuze sind.

Waldstedt.

Kirchdorf, 5 Km. westlich von Langensalza. Die thurmlose Kirche (ohne alles Interesse) soll der h. Juliana gewidmet gewesen sein, für welche eine an der Wand aufgestellte, werthlose, weibliche Statue ohne Attribut ausgegeben wird. — Als Geschenk eines Einwohners hängt an der Südwand ein guter alter Kupferstich (80 ᶜᵐ breit, 106 ᶜᵐ hoch), welcher die Geburt Christi darstellt und der Unterschrift zufolge nach einem Gemälde des Jacobus Stella von Nicolaus Le Clerc gestochen ist.*) Die Scenerie ist höchst malerisch und charaktervoll, die Linienführung vorzüglich.

Die beiden Glocken von 0,87 und 0,67 ᵐ Durchmesser sind von C. F. Ulrich in Apolda 1873 gegossen.

Weberstedt.

Kirchdorf, 9 Km. westlich von Langensalza. In der unansehnlichen Kirche S. Ulrici befinden sich hinter dem Altare 6 zum Theil beschädigte Grabsteine derer v. Goltacker aus den Jahren 1584, 1602, 1616, 1654.

Ein geschnitzter Altarschrein mit zwei Flügeln enthält in der Mitte die Grablegung Christi mit einem langgestreckten Maasswerk darunter und Blattranken darüber. Auf den Flügeln stehen je zwei Heilige: rechts S. Udalricus als Bischof, mit einem Teller, worauf Fische liegen, und S. Anna selbdritt; links S. Katharina mit Schwert und S. Christoph.

---

*) Der Maler Jacob Stella, ein Nachahmer des Nic. Poussin, geb. 1596, starb zu Paris 1657. Ein Stecher Sebastian Le Clerc lebte 1637—1714; einen Nicolaus Le Clerc vermögen wir nicht nachzuweisen; vielleicht war er einer der Söhne oder sonst ein Verwandter des Erstgenannten.

Auf dem Thurm sind drei Glocken von 1,36, 1,07, 0,76ᵐ Durchmesser; die grosse ist von Ulrich in Apolda 1831 gegossen; die mittlere von Melchior Möringk 1580 mit der Inschrift: „Trachtet am ersten nach dem Reiche Gottes“; die kleine von El. Gottfr. Hahn in Gotha 1787, mit dem Spruch: „Selig sind, die Gottes Wort hören und bewahren.“ Luc. 11, V. 26.

(Gross-) Welsbach.

Kirchdorf, 7 Km. nördlich von Langensalza. Der dicke, mit ungeschicktem Walmdach versehene Kirchthurm steht östlich und bildet im Innern das Presbyterium, dessen mit geripptem Gewölbe überspannte Halle sich in einem spitzen Triumphbogen gegen das breitere Schiff der nichts Bemerkenswerthes enthaltenden Kirche öffnet. Auf dem Thurme hängen drei Glocken von 1,12, 0,96, 0,72ᵐ Durchmesser. Die grosse ist von den Gebr. Ulrich 1869, die zweite von Hieronymus und Melchior Möringk zu Erfurt 1629, und die kleine von J. Christian Ulrich in Eckardtsberga 1775 gegossen.

(Klein-) Welsbach.

Kirchdorf, 7,5 Km. nördlich von Langensalza. Die unansehnliche Kirche ist ganz von derselben Bauart wie die in Gross-Welsbach. Auf dem Thurme sind drei Glocken von 0,82, 0,65, 0,54ᵐ Durchmesser. Die grösste derselben ist von Joh. Lorenz Koch in Mühlhausen 1806, die beiden andern sind von Eckhardt Kuchen in Erfurt gegossen, die mittlere 1571, die kleine 1586.

Zimmern.

Kirchdorf, 3 Km. südwestlich von Langensalza, wurde 1818 von einem grossen Brande heimgesucht, der eine fast gänzliche Erneuerung der Kirche zur Folge

Fig. 64.

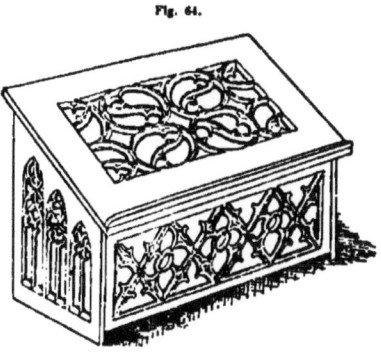

hatte, da nur noch einige Grundmauern benutzt werden konnten; auch der Thurm ist neu. — Erhalten hat sich aus der alten Kirche noch ein aus dem Ende des

15. oder vom Anfang des 16. Jahrh. stammendes Altarpult mit Maasswerk-Schnitzereien (s. Fig. 64).

Die drei Glocken, von 1,12, 0,95, 0,77^m Durchmesser, sind 1818 von den Gebrüdern See in Kreuzburg gegossen.

Zusatz zu S. 33 Note.

Nach Analogie anderer in Deutschland (z. B. am Dome in Wetzlar und im Capitelsaal zu Brauweiler) und Frankreich vorkommenden, sich auf das jüngste Gericht beziehenden Darstellungen ist die zur Rechten des Weltrichters knieende weibliche Figur Maria, die männliche zur Linken Johannes der Täufer; erstere als Fürbitterin für die zu Gnaden Angenommenen, letzterer (mit Beziehung auf Matth. 3,7) die strafende Gerechtigkeit über die Verstockten anrufend.

Kunststatistische Uebersicht.

as kunstgeschichtlich Interessanteste in diesem Kreise erstreckt sich fast durch weg nur auf die innerhalb der Stadt Langensalza befindlichen Bauwerke, da sich in den übrigen Ortschaften nur wenig Gute sin die jetzigen Zeiten gerettet hat. Die vielen Fehden, Kriege und Leiden aller Art, Feuersbrünste und Sterbensläufte mussten die nachtheiligsten Folgen haben, zumal die Gegend in ihrer früheren Wohlhabenheit durchziehenden Kriegshorden ein willkommener Tummelplatz war für unrechtmässigen Erwerb, für Rohheit und Frevel aller Art.

Aus der romanischen Kunstepoche zumal ist nur noch äusserst wenig vorhanden. Spuren von einer ehemaligen kleinen kreuzförmigen Basilika mit Mittelthurm finden sich an der Deutschherrenkirche in Unterdorf-Nägelstedt, romanische Details an den Kirchthürmen zu Oppershausen und Seebach, die sich dadurch als Ueberreste älterer Kirchen charakterisiren. Beide Thürme stehen östlich über dem Presbyterium und öffneten sich im Innern durch Rundbögen westlich gegen das Schiff, östlich gegen eine Absis. Diese Thurmstellung blieb auch später beliebt, mit Wegfall der Absis und unter Anwendung eines spitzen Oeffnungsbogens gegen das Schiff, wie in Blankenburg, Bruchstedt, Clettstedt, Thamsbrück, Gross- und Klein-Welsbach, wo die Thürme anscheinend alle von Kirchengebäuden herrühren, die älter waren als die jetzigen. — Der Thorbogen auf dem Schlosse zu Langensalza ist als romanischer Ueberrest kaum der Erwähnung werth.

Aus gothischer Zeit besitzt die Stadt Langensalza zwei ansehnliche Kirchen, die freilich in Folge öfterer Bauunterbrechungen, welche durch häufige Stadtbrände, Plünderungen und Epidemien herbeigeführt wurden, der einheitlichen Durchbildung entbehren.

Die Markt- oder Bonifaciuskirche, an welcher von c. 1280 bis 1560 gebaut wurde, erscheint in der Hallenform ihrer drei Schiffe, sowie in der Gliederung ihrer Rundpfeiler mit vier Runddiensten abhängig von gleichen Bildungen in der benachbarten Reichsstadt Mühlhausen. Auch die blumenartige Configuration der Seitenschiffgewölbe findet ihres gleichen in der Halle des spätgothischen mittleren Westthurmes der dortigen Marienkirche. Von den offenbar ursprünglich oder doch im Verlaufe des Baues geplanten beiden mächtigen westlichen Frontalthürmen ist nur der nördliche zur Ausführung gekommen, geht aber leider in seiner oberen Hälfte in Renaissance über. Dessenungeachtet ist der Gesammteindruck kein ungünstiger, da, aus der nächsten Nähe betrachtet, der baroke Oberbau, und aus der Ferne gesehen, der gothische Unterbau dem Auge verschwindet. Dieser Thurm ist mit Recht der Stolz der Stadt und gilt bei seiner Höhe von 81 m als der höchste im ganzen Thüringerlande. Imposant ist das westliche Hauptportal, als freie Nachbildung des Westportales der Lorenzkirche zu Nürnberg, die, in den Maassen ziemlich gleich, mit dem Sculpturenreichthum des Originals wetteifern konnte, aber leider ihren Statuenschmuck durch die Fanatiker des Bauernkrieges eingebüsst hat. Die Berg- oder Stephanskirche, welche aus einer sehr gedrückten Hallenkirche in eine Art von basilikaler Höhenkirche umgebaut erscheint, aber der Gewölbe entbehrt und sich im Innern unfertig, wie das Altarhaus der Marktkirche, mit flachen Holzdecken begnügt hat, wird durch die fünf Staffelgiebel ihrer Seitenschiffe vom J. 1394 insofern interessant, als diese sammt ihrer Vierpassgallerie nach der Marienkirche zu Mühlhausen zwar in minder schlanken Verhältnissen, aber sonst getreu copirt sind, und man daraus ersieht, dass diese, von Schnaase (6,241) als „etwas spiessbürgerlicher Putz" bezeichnete Decoration in nächster Nachbarschaft Beifall gefunden hatte. Der die Südwestecke des Gebäudes einnehmende Thurm, im Unterbau Ueberrest einer älteren Kirche, hat leider seine ursprüngliche Steinpyramide mit einer modern gothischen Spitze vertauschen müssen. Die alte Pyramide zeigte den Einfluss des heimischen Materials, der sich im gemeinen Bedürfnissbau auf die Technik der Einfriedigungsmauern und Dorfbrunnenschreine etc. geltend macht, in seiner Anwendung auch auf die Construction eines Kunstbaues. Der oben S. 5 und 17 bereits näher besprochene Kalktuff des Langensalzaer Thalbeckens lagert der Natur seiner Entstehung zufolge mit horizontalen Trennungsfugen in Schichten von 0,10 bis 0,90ᵐ Stärke, die ein Abspalten mittelst Keilen erleichtern und Platten von verschiedener Dicke und verschiedener Qualität des Kornes liefern, und zwar ist die Festigkeit und Dichtigkeit eine um so grössere, die poröse Structur eine um so geringere, je mehr die Dicke dieser Platten zunimmt. Die stärkeren und dichteren Platten, die man zu Quadern und zu Statuen gebrauchte, zeigen eine solche Festigkeit, dass sie viele Jahrhunderte lang ihre anfänglichen scharfen Kanten bewahren. Ja, man will bemerkt haben, dass die anschlagenden und daran herablaufenden Regentropfen und die feuchten Nebel eine Art Sinterung bewirken, dass also der Tuff oberflächlich nochmals aufgelöst wird, um dann den Stein mit einer kieselharten Epidermis zu überziehen: eine Erscheinung, die sich auch bei den sogenannten Butter- oder Mehlpatzensteinen, woraus der Naumburger Dom und die Kirche zu Freiburg a.U. erbaut sind, gezeigt hat, nur dass die Mehlpatzen gleich aus dem Bruche sich leicht, der Kalktuff sich schwer bearbeiten lässt, und jene erst an der Luft erhärten, dieser aber von Hause aus hart gewonnen wird. Schwache Platten finden ihre Anwendung zu Trottoirs, Wandbekleidungen, Brunneneinfassungen, Grabsteinen, Kreuzen; stärkere zu Quadern, Säulen, Gesimsen, Thür- und Fenster-Einfassungen, zu Sculpturarbeiten.*) Eine häufige practische Anwendung ist die, dass man zur Einfassung von Grundstücken (Gärten, Aenger etc.) hohe Falzsteine in die Erde setzt und Platten von oben einschiebt. Auf letzterem Princip nun beruhte auch die oben S. 46 speciell beschriebene Construction der alten Pyramide auf dem Bergthurm: man stellte in die acht Grate der Pyramide Falzsteine (in Langensalza auch Docken genannt) und liess in die Falze schwache Steinplatten. ein.

Wegen der Thurmstellung ist die Pfarrkirche zu Tennstedt bemerkenswerth, obwohl die beiden das Altarhaus westlich flankirenden Thürme an Fläche und Höhe und im Aufbau verschieden sind. — Hübsche von Holzgespärre construirte, mit Schiefer gedeckte Thürme, die in einer schlanken, spitz ausgezogenen Mittelspitze mit vier Eckthürmchen bestehen, finden sich einer in Thamsbrück und zwei in Grossgottern; ausserdem besitzt die Stadt Langensalza zwei Thorthürme mit

---

*) Im Artikel „Nagelstedt" sind Brunnen, Thore, Thüren u. dgl. namhaft gemacht.

schlanken Spitzen, den einen mit zwei Erkern, den andern mit vier dreieckigen massiven Giebeln.

Von Profanbauten erheblichen Werthes ist nichts zu berichten. Das alte Schloss in Seebach ist ein wüstes Gebäude ohne jedes künstlerische oder archäologische Interesse, ebenso das Schloss in Langensalza. Die Schlösser in Thamsbrück und Ufhoven sind der Baufälligkeit wegen abgetragen. Der Schieferhof in Nägelstedt (bemerkenswerth wegen des halbkreisförmigen Vorhofes) ist erst 1565, das Rathhaus in Langensalza, von stattlichem Aeussern, erst 1742—1752 erbaut.

Unter den zahlreich vorkommenden Steinmetzzeichen gewähren die Fig. 15 und 25 aus den beiden Kirchen von Langensalza mitgetheilten durch die Einmischung einiger Majuskeln und gewisser anderer Zeichenbildungen der älteren Periode besonderes Interesse: man sieht den Uebergang zu den im 15. Jahrh. herrschend werdenden Formen.

An Sculptur-Arbeiten ist einiges Beachtenswerthe auf die Jetztzeit gekommen: Die beiden noch ziemlich unversehrten Reliefs in den Thürbogenfeldern der Marktkirche in Langensalza mit reichen, ausdrucksvollen Figurenscenen, das eine, auch ikonographisch interessante, die Kreuzigung, das andere, zum Theil fast wörtlich von der Nürnberger Lorenzkirche copirt, das jüngste Gericht darstellend, ersteres aus Kalktuff, letzteres aus Seeberger Sandstein gefertigt. Ferner finden sich einige von den Bilderstürmern des Bauernkrieges noch verschonte Heiligenfiguren an derselben Kirche, am Kloster gegenüber, eine an der Bergkirche, eine an der alten Schule (dem ehemaligen Augustinerkloster) und eine (wie es scheint) von dem Jacobskloster: endlich mehrere schöne mittelalterliche Grabsteine, unter denen einer in der Bergkirche von 1308 der älteste ist, und Epitaphien aus der Barokzeit (von Alabaster in Seebach und Tottleben).

Malereien aus dem Mittelalter von einigem Kunstwerth finden sich verschiedentlich, namentlich einige Reste von Altarbildern zu Freienbessingen, Marolterode, Gross-Gottern und Langensalza, und ganz besonders die Casettendecke über dem Nonnenchore der Bonifaciuskirche daselbst von 1519, die in der Zeichnung der Figuren und des reichen Ornaments die Hand eines in der Renaissance durchgebildeten Meisters verräth.

Altarschreine aus dem 15. und 16. Jahrhundert, theils vergoldet, theils gemalt, haben sich mehrere in die Gegenwart gerettet, nämlich in Bruchstedt, Grossgottern, Hornsömmern, Langensalza und Weberstedt, deren Figuren zum Theil durch höchst ausdrucksvolle Gesichter, gute Stellungen und naturgemässe Gewäuder alles Lob verdienen.

An Kanzeln sind erheblichere Arbeiten nicht zu verzeichnen. Die Steinkanzel in der Bergkirche zu Langensalza ist von 1590, noch Renaissancestyl, und die ebenfalls steinerne in Gross-Vargula vom Jahre 1600 nähert sich schon dem Zopf. Wie viele Kanzeln aus jener Zeit wird sie von einer Mosesfigur getragen, und der beigefügte Spruch Gal. 3, 24. erklärt diese sinnige evangelische Symbolik. Die hölzerne Kanzel der Langensalzaer Marktkirche ist erst 1731 zur Ausführung gekommen.

Sacramentsnischen sind nur mit einer einzigen (zu Sundhausen) vertreten: die Dorfkirchen dieses Kreises haben meist keine mittelalterlichen Altarräume mehr.

Von Taufsteinen aus dem Mittelalter sind vier spätromanische, nicht mehr in Gebrauch befindliche, zu verzeichnen: in Blankenburg, Grossgottern, Merxleben und Schönstedt, als Zeugen nicht mehr vorhandener Kirchengebäude aus der romanischen Periode. Zwei Taufsteine (in Freienbessingen und Tennstedt) stammen aus der zweiten Hälfte des 17. Jahrhunderts.

Als nicht allzuhäufig vorkommend sind die an den Theilungspfosten der Kirchthüren in Langensalza befindlichen Almosenbehälter in Consolenform zu bezeichnen, und in diesem Sinne verdient auch das geschnitzte gothische Setzpult zu Zimmern Erwähnung.

Kelche spätgothischer Form sind in Ufhoven und Sundhausen nachgewiesen. Bedeutendes archäologisches Interesse nimmt das frühromanische Kupferkreuz in Ufhoven in Anspruch. Der Landsknechtbart des Crucifixus erinnert an das Elfenbein auf dem Evangelienbuchdeckel in Gotha aus der Zeit um 900 (Otte, Kunstarchäologie I., Tafel zu S. 133).

In einigen der grösseren Kirchen befinden sich schöne Kronleuchter, aus Messing, das sich in der Legirung dem Tombak nähert; sie scheinen aus gleicher Officin zu stammen, doch sind die in den Langensalza'er Kirchen bereits 1631, und der in der Ufhover Kirche erst 1725 geschenkt.

Letztere besitzt eine aus Messing getriebene Taufschüssel, mit der Verkündigung Mariae im Fond, und mit jener viel besprochenen räthselhaften Randumschrift.

Stickereien sind sehr wenig noch vorhanden, einige fanden sich von Motten und Moder fast vernichtet, nur der im Rathsarchiv zu Langensalza aufbewahrte Teppich aus dem 14.—15. Jahrh. ist unversehrt, besteht aber aus drei verschiedenartigen Fragmenten. In Beziehung auf die Darstellungen ist die Vergleichung mit den Miniaturen zu Tristan und Isolt in der Hofbibliothek zu München, dem Tristanteppich zu Wienhausen bei Celle und den Wandmalereien in Schloss Runkelstein bei Botzen nicht ohne Interesse.

Auf einer Menge von Epitaphien etc. finden sich zahlreiche Wappen, z. B. v. Amelunx, Auerochs, Barth, Bendorf, Berlepsch, Beringen, Bock, Curwalde, Dachröden, Döp, Elbe, Ende, Erffa, Görmar, Görmersleben, Goldacker, Greussen, Hagen, Hanstein, Haugwitz, Hausen, Herda, Hirschlaw, Honigen, Hopfgarten, Kropff, Kutzleben, Margenthal, Marschall, Rehen, Rosbach, Salza, Schierbrandt, Schiedungen, Seebach, Sommerfeld, Spitznase, Tottleben, Uetrott, Uslar, Vitzthum v. Eckstedt, Vogeln, Winter.

Zwei nicht datirte Steinkreuze, hier wie im Eichsfelde Bonifaciussteine genannt, stehen bei Kleinvargula. — Die beiden Kreuze in Neunheilingen scheinen nicht in die Kategorie der Mordkreuze zu gehören.

Als bibliographische Seltenheiten sind die Wiegendrucke des Sachsenspiegels in der Rathsbibliothek zu Langensalza und im Rathsarchive zu Thamsbrück erwähnenswerth.

Namen von Künstlern und Bauleuten kommen im Langensalza'er Kreise folgende vor:

1) Günther Becherer ist 1395 an der Marktkirche zu Langensalza als Baumeister thätig.

2) Ein problematischer f ribano erbaut gleichzeitig die Seitenschiffe der Bergkirche daselbst.

3) Der Steinmetz Franz Dietmar und der Bildhauer Nicolas Begke von Gebesee erbauen den Breiten Brunnen in Langensalza.

4) Der Bürgermeister Jungkunz von Arnstadt ist 1590 Architekt des Marktthurms daselbst, an welchem die Maurermeister Hans Friese, Michael Rödiger, Valentin Himmelmann und Hans Vogel beschäftigt sind. Die Bildhauerarbeit übernahm Bernhard Köbler aus Gotha. Den Thurmknopf etc. lieferte der Kupferschmidt Peter Bortener in Erfurt, und Balthasar Grimm von dort verfertigte den Glockenstuhl.

5) Husäus aus Schwerstedt malte 1610 das Bild des Kurfürsten Christian II. im Rathhause zu Langensalza.

6) Bastian Sippel und Christoph Thrän 1687, Baumeister an der Kirche zu Cammerforst.

Glockenschau.

er Kreis Langensalza besitzt im Ganzen 146 Glocken; es kommen auf (einschliesslich der 3 Städte und 4 zweikirchigen Dörfer) jede der 41 Ortschaften durchschnittlich 3.5 Glocken. Zwei Dörfer haben je 2, vier je 6 — 8 (Gr.-Gottern 8, Alt-Gottern 6, Schönstedt 6, Nägelstedt 6); zwei, (Neunheiligen, Sundhausen) haben je 4 Glocken.

Davon haben:

6 keine Schrift,
2 Majuskeln ohne Datum,
1 Minuskeln ohne Datum,

also 9 nicht datirte Glocken;

ferner 51 datirte vor 1700,
86 „ nach 1700, also moderne.

Die nicht datirten pflegt man als die ältesten zu bezeichnen.

Von den datirten gehören:

1	in das	13.	Jahrhundert,	
4	„ „	14.	„	} 51
4	„ „	15.	„	
22	„ „	16.	„	
20	„ „	17.	„	
34	„ „	18.	„	} 86
52	„ „	19.	„	

zus. 137.

Mit Majuskeln überhaupt 6, mit Minuskeln 16 Glocken.

Nach dem Alter der Glocken bis zum Jahre 1650 bildet sich folgende Reihe der datirten Glocken:

1278 Gross-Urleben (Maj.)	1526 Nägelstedt (Unterd.) letzte Min.
1351 Tennstedt (erste Minuskel).	1533 Neunheiliugen.
1351 Klein-Urleben (Maj.)	1562 Gross-Vargula.
1368 Isersheilingen (Maj.)	1564 Langensalza (Marktk.)
1392 Clettstedt (letzte Maj.)	1564 „ (das.)
1460 Klein-Urleben (Min.)	1571 Klein-Welsbach.
1477 Kirchheilingen.	1580 Weberstedt.
1482 Alterstedt.	1586 Klein-Welsbach.
1499 Nägelstedt.	1592 Langensalza (Marktk.)
1503 Alterstedt.	1589 Mittelsömmern.
1504 Langensalza (Marktk.)	1601 Henningsleben.
1504 Schönstedt ⎱ (Oberd.)	1607 Mittelsömmern.
1504 „ ⎰	1608 Oppershausen.
1504 Klein-Urleben.	1608 Thamsbrück.
1513 Oppershausen.	1610 Seebach.
1516 Gross-Urleben.	1611 Langensalza (Bergk.)
1518 Heroldshausen.	1629 Gross-Welsbach.
1518 Isersheilingen.	1630 Blankenburg.
1518 Tennstedt.	1638 Tennstedt.
1520 Freienbessingen ⎱ (Lapidar.)	1641 „
1520 „ ⎰	1648 Gross-Vargula.

Nach der Grösse des unteren Durchmessers bilden die bis zu 0,8 Meter herabgehenden älteren Glocken (bis 1650) folgende Reihe:

1,88 ▪ Langensalza (Marktk.) . . 1564	1,00 ▪ Freienbessingen 1520
1,86 „ Tennstedt 1641	1,00 „ Kirchheilingen 1477
1,66 „ Langensalza (Marktk.) . . 1564	0,99 „ Nägelstedt (Ob.) 1499
1,46 „ Tennstedt 1638	0,96 „ Gr.-Welsbach 1629
1,22 „ Schönstedt (Ob.) 1504	0,95 „ Alterstedt 1482
1,19 „ Gr.-Vargula 1562	0,94 „ Seebach . . . .
1,17 „ Langensalza (Bergk.) . . 1611	0,93 „ Issersheilingen 1518
1,14 „ „ (Marktk.) . . 1504	0,91 „ „ 1520
1,12 „ Schönstedt (Ob.) 1504	0,90 „ Heroldshausen 1518
1,10 „ Langensalza (Marktk.) . . 1562	0,88 „ Gr.-Urleben 1278
1,08 „ Alterstedt 1503	0,86 „ Mittelsömmern 1607
1,07 „ Weberstedt 1580	0,86 „ Seebach 1610
1,04 „ Oppershausen 1513	0,85 „ Blankenburg 1630
1,03 „ Tennstedt 1518	0,85 „ Oppershausen 1608
1,03 „ Gr.-Urleben 1516	0,84 „ Clettstedt 1312
1,03 „ Kl.-Urleben 1460	0,84 „ Kl.-Urleben 1351
1,02 „ Nägelstedt . . . . undatirt	

Unter den neueren Glocken (seit 1650) haben folgende eine grössere Weite als 1 Meter:

1,75 ▪ Langensalza (Bergk.)	1662		1,12 ▪ Altengottern (Ob.)	1746
1,55 „ „ (Bergk.)	1662		1,12 „ Gr.-Welsbach	1869
1,50 „ Thamsbrück	1807		1,12 „ Zimmern	1818
1,40 „ Gr.-Gottern (Ob.)	1798		1,09 „ Haussömmern	1787
1,38 „ Neunheilingen	1843		1,08 „ Altengottern	1797
1,36 „ Weberstedt	1831		1,07 „ Heroldshausen	1852
1,30 „ Ufhoven	1872		1,07 „ Hornsömmern	1784
1,28 „ Cammerforst	1798		1,06 „ Tottleben	1793
1,27 „ Mülverstedt	1864		1,05 „ Ufhoven	1853
1,20 „ Gr.-Gottern (Unt.)	1681		1,04 „ Mittelsömmern	1878
1,18 „ Kirchheilingen	1817		1,03 „ Neunheilingen	1789
1,18 „ Schönstedt (Unt.)	1773		1,02 „ Gr.-Vargula	1850
1,17 „ Thamsbrück	1743		1,01 „ Flarchheim	1835
1,15 „ Bothenheilingen	1767		1,00 „ Clettstedt	1797
1,15 „ Gr.-Gottern (Ob.)	1848		1,00 „ Sundhausen	1874
1,14 „ Seebach	1870			

Die grössten Glocken sind also in Langensalza, (Marktkirche) mit 1,88 ▪, und in Tennstedt mit 1,86 ▪, die kleinste mit 0,39 ▪ ist in Issersheilingen.

Namen von Glockengiessern werden genannt:

J. Klaus Adelholt (? 1430),
Konrad (Kurt) Kersten, 1482—1503 (3),
Heinrich Ciegeler, 1504 (3),
b. r. (1516),
h. c. m. (1518) (? heinrich campen, Meister),
h. c. (1518) (? heinrich campen),
Obentbrot, 1533,
Eckhard Kuchen in Erfurt, 1562—1592 (6),
Melchior Möhringk „ 1580—1630 (8),
Hieronymus Möringk „ 1601—1629 (3),
Caspar Bewer in Sondershausen, 1638,
Jacob König in Erfurt, 1641—1648 (2).

Neuere:

Joh. Hnr. Rausch in Erfurt, 1670—1684 (2),
Joh. Wolfg. Geyer „ 1651—1681 (2),
Joh. de la paix 1662 (2),
Jacob Pappenius in Erfurt, 1681,
Joh. Christoph Geyer „ 1703,
Christoph Kleinschmidt in Mühlhausen, 1738,
Nic. J. Sorber in Erfurt, 1715—1742 (2),
Joh. Hnr. Brauhoff in Nordhausen, 1739—1789 (4),
Andr. Kästler, 1746,
Chr. Ulrich in Eckardtsberga, 1775,
Jos. Zechbauer in Erfurt, 1787,

El. Gottfr. Hahn in Gotha, 1773—1787 (4),
Joh. Lorenz Koch in Mühlhausen, 1767—1812 (11),
Joh. Georg Koch „ 1798,
Joh. Lorenz in Mühlhausen, 1866,
Ernst Chr. Rumpel, 1835—1852 (5),
Gebr. Lange in Erfurt, 1819,
Carl Lange „ 1848, (2),
Benjamin Sorge „ 1850,
Gebrüder See in Krenzburg, 1813—1827 (6),
Gebrüder Ulrich in Apolda und Laucha, 1774—1878 (43).

Die Ulrich's sind also am meisten vertreten, nächstdem die Mühlhäuser und die Erfurter Giesshütten.

Auf den älteren Glocken kommen folgende Sprüche vor:
o rex glorie veni cum pace (2 mal),
ave maria gracia plena dominus tecum (3 mal),
ad trindos aedem voco . clerum congrego . terram ad sonitum verbi voce sonante cio.
consolor viva . fleo m(ortua) . pello nociva (4),
verbum domini manet in aeternum (4),
die Namen der 4 Evangelisten (5 mal).

Als Glockennamen finden sich:
anna (9 mal), maria . andreas . jacobus . bonifacius . johannes.

An Figuren: Maria mit dem Kinde (4 mal),
                Kreuzigung (2 mal),
                Crucifix (1 mal),
                Paulus . Petrus,
                    +
                5 Kreuze + + +
                    +
                Medaillon mit dem ungenähten Rock (1 mal).

Wappen: von Berlepsch, Dieskau, Eschwege, Hagen, Kutzleben, Marschall, Schierbrandt, Seebach, Vitzthum von Eckstedt.

Das Tennstedter Stadtwappen.

Fig. 65.

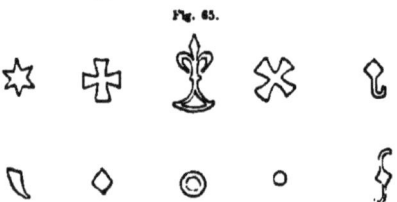

Schöne verzierte Majuskeln finden sich auf einer Bruchstedter Glocke.
Eine Sammlung von Trennungszeichen zeigt Fig. 65.

D urch Beschluss des Provinzial-Landtages vom 18. November 1876 ist für die Provinz Sachsen eine

„historische Commission"

ins Leben gerufen und mit Befugnissen und Mitteln ausgestattet worden, um alle auf die Erforschung der Geschichte unserer engeren Heimath gerichteten Bestrebungen planmässig zu leiten und nachdrücklich zu unterstützen, sowie die aus der Vergangenheit gewonnenen wissenschaftlichen Ergebnisse für Gegenwart und Zukunft nutzbar zu machen. Durch sie hat die Thätigkeit der bisher in der Provinz arbeitenden Geschichtsvereine einen gemeinschaftlichen sicheren Boden gefunden; Vertreter der letzteren wirken hier mit Männern zusammen, die sich die Erforschung der Vergangenheit unseres gemeinsamen deutschen Vaterlandes zur Lebensaufgabe gemacht haben.

Mannigfach und schwer erreichbar sind die Ziele, die sich eine solche Commission zu setzen hat.

Eine ihrer ersten Aufgaben muss es sein, für die Sicherung der handschriftlichen Ueberlieferungen zur Geschichte der Provinz Sorge zu tragen. Noch mögen sich in dem Bereiche der letzteren Sammlungen von Akten und Urkunden im Besitze von Körperschaften, Lehns- und Gemeindeverbänden, Anstalten und Familien befinden, von deren Existenz, geschweige Inhalt, die Forscher bisher keine Ahnung hatten; auch sind nicht alle die Orte nachgewiesen, wohin die Archive und Bibliotheken der ehemals in der Provinz bestehenden geistlichen Stiftungen gewandert sind; vieles ist vielleicht bei Umwandlung solcher geistlicher Besitzungen in Domänen in Privatbesitz und von einer Hand in die andere übergegangen. Die Commission würde jede Mittheilung über solche Vorgänge, sowie über die Art und Weise, wie derartige Sammlungen oder deren Ueberreste für Studien zugänglich werden könnten, mit grösstem Danke aufnehmen. — Sodann kann sie es allen Privaten und für den Fall von Auflösungen, Theilungen, Auseinandersetzungen und Neuordnungen den obengenannten Körperschaften nicht genug an das Herz legen, die in ihrem Besitze befindlichen Akten, Urkunden und Aufzeichnungen jeder Art, wie Chroniken, Tagebücher, Rechnungsbücher, auch Handschriften, nicht gerade historischen Inhaltes, die sich jedoch durch höheres Alter und eigenthümliche Ausstattung auszeichnen, nicht der Vernichtung oder Veräusserung preiszugeben, bevor nicht deren wissenschaftliche Werthlosigkeit durch einen Sachverständigen festgestellt ist; oft ergeben gerade die unscheinbarsten Materialien wichtige Beiträge über wirthschaftliche Zustände und Culturverhältnisse der Vergangenheit; zur sachkundigen Prüfung wird in solchen Fällen die Commission jederzeit gern eine geeignete Persönlichkeit nachweisen. Ebenso wird die Commission stets geneigt sein, derartige handschriftliche Ueberlieferungen in den ihr unterstellten Sammlungen aufzubewahren oder sie auch durch Kauf an sich zu bringen.

In gleicher Weise richtet die Commission ihr Augenmerk auf die Alterthümer und älteren Kunstdenkmäler der Provinz.

In bedauerlicher Weise haben selbst neuerdings noch manche Stücke mittelalterlicher Baukunst, Bildhauerarbeiten in Stein und Holz, Inschriften, Werke der Malerei in öffentlichen wie Privatgebäuden bei Um- und Neubauten zumeist in Folge anscheinender Unbrauchbarkeit ihren Untergang gefunden. Auch für diese Zeugnisse der Vergangenheit bittet die Commission dringend um Schonung und um gefällige rechtzeitige Mittheilung, falls der Untergang solcher Kunsterzeugnisse nicht aufzuhalten sei; sie würde dann dafür sorgen, dass der Nachwelt wenigstens durch Abbildungen oder Nachbildungen die Erinnerung an die Vorzeit gesichert wird; ländliche und städtische Kirchengemeinden wollen vor allem bei Aenderungen im Aeusseren und Innern der gottesdienstlichen Räume, sowie bei Neugüssen alter oder schadhafter Glocken darauf bedacht sein, dass Inschriften, Bildwerke und Zierrathen derselben in ihrer alten Gestalt durch Abformung oder Abzeichnung erhalten bleiben. Uebrigens wird im Laufe dieses und der nächsten Jahre ein bau- und kunstverständiges Mitglied der Commission, Bau-Inspector Sommer aus Zeitz, verschiedene Theile der Provinz bereisen, um die noch vorhandenen Baudenkmäler kennen zu lernen; seien seine Arbeiten an Ort und Stelle freundlichem Entgegenkommen empfohlen!

Nicht weniger oft sind selbst in unseren Tagen schätzbare Funde ihrer nächsten Heimath entweder ganz entfremdet oder wenigstens Theile derselben an herumreisende Händler oder an Liebhaber veräussert, ja sogar geradezu zum Einschmelzen verkauft worden. Von allen solchen Funden an Urnen, Steinbeilen, Bronzegeräthen und Zierrathen aus Edelmetall, ferner namentlich auch an Münzen, bitten wir uns un-

nz
em
ht-
en
a"

als
n"
en
en
bil-
tin.
lel,
ich

its-
hte
ade
fen

nen
ena
der
ins-
sso
ets-
der
fer-
thr-
am-
aler
lich
mer
die

grift
Ar-
l es
adt
rein
rird
Ur-
nen
zeits
fich-
der
ge-
zent-

minn-
igen
unal
freu-
und
men-
Pro-
apten
der
zum

verzüglich Nachricht zukommen zu lassen, da die Commission durch die Liberalität der Provinzial-Verwaltung in den Stand gesetzt ist, beim Ankaufe derartiger Alterthümer dem Rechte der Besitzer oder Finder voll und ganz Genüge zu thun.

Hierbei weisen wir mit besonderer Freude darauf hin, dass die Vertreter unserer heimischen Provinz zugleich mit der Gründung der historischen Commission die

Errichtung eines Provinzial-Museums zu Halle a. S.

in Aussicht genommen haben. Diesem Provinzial-Museum, für das durch Ankauf und Ausgrabungen bereits ein werthvoller Grundstock gewonnen, für das durch Munificenz des hohen Cultus-Ministeriums in der Balde entsprechende Räumlichkeiten zur Verfügung kommen und dem sich demnächst auch die bedeutenden Sammlungen des Thüringisch-Sächsischen Geschichtsvereines zu Halle anschliessen sollen, wünschen wir wo möglich alle in der Provinz gemachten Funde zuzuführen. Wir wenden uns daher an die zahlreichen Besitzer kleinerer Sammlungen mit der ergebensten Bitte, das gemeinnützige Unternehmen wenigstens durch Ueberlassung der Doubletten und entbehrlichen Stücke zu unterstützen, wenn sie es nicht vorziehen sollten, dem Einzelnen durch Einverleibung in das grosse Ganze die ihm gebührende Stelle zu sichern.

Im Anschluss hieran empfiehlt die Commission den Besitzern von Ackergrundstücken die ausgedehnteste Schonung etwaiger auf letzteren sich befindender Erhebungen und Hügel, die oft schon durch Namen, wie „Hünnen-, Heiden-, Hünen-, Römer-Gräber" oder „Hünen- u. s. w. Mauer" als Ueberreste von Grabstätten oder Befestigungen aus den ältesten Zeiten der Besiedlung unserer Gegenden gekennzeichnet sind. Leider sind in Bezug auf die ersteren ganz ungegründete Fabeln von materiell werthvollem Inhalte derselben verbreitet, während sie noch stets eine nur die Wissenschaft bereichernde Ausbeute geliefert haben und dies auch nur in den Fällen, in denen die Aufdeckung jener Grabplätze von kundiger Hand geleitet wurde, denn nur durch genaueste Beobachtung und Verzeichnung der kleinsten Nebenumstände, vor allem durch Feststellung der ursprünglichen eigenthümlichen Lage und Ordnung der Fundgegenstände können diese ältesten Ueberreste menschlichen Schaffens für die Wissenschaft nutzbar gemacht werden. Es ist daher höchst erwünscht, dass von zufälligen Aufdeckungen solcher Hügel, namentlich bei Separationen und Gemeinheitstheilungen, die Commission rechtzeitig oder so schnell als möglich in Kenntniss gesetzt werde; sie wird geeigneten Falles ihr Mitglied, Professor Dr. Klopfleisch aus Jena, oder einen anderen Sachverständigen an Ort und Stelle absenden und alle Sorge aufwenden, dass die zur wissenschaftlichen Verwerthung der Funde erforderlichen Massregeln ohne Nachtheil für die jeweiligen Besitzer oder Pachter der Grundstücke zur Ausführung kommen.

Nach diesen Gesichtspunkten erscheint es der Commission in erster Linie angezeigt, den zerstörenden Einflüssen der Zeit an den uns von der Vergangenheit überlieferten Denkmälern entgegen zu arbeiten; es gilt, dieselben ungeschmälert kommenden Geschlechtern zu überliefern und noch ist es Zeit, manche, namentlich in den ersten Jahrzehnten unseres Jahrhunderts an jenen Schätzen begangene Versündigung zu sühnen. Die historische Commission ist der Ueberzeugung, dass die Angehörigen der Provinz Sachsen nicht hinter den Bewohnern anderer Provinzen zurückstehen, sondern es als eine Pflicht der Ehre und des Patriotismus ansehen werden, die hier dargelegten Bestrebungen in jeder Weise nach Kräften zu unterstützen; andererseits wird die Commission darauf bedacht sein, ihrer Dankbarkeit für jede zum Theil gewordene Beihülfe angemessenen Ausdruck zu geben.

Halle, im October 1878.

Die historische Commission der Provinz Sachsen.

Prof. Dr. Dümmler hier, Vorsitzender;
Pfarrer Winter in Alten-Weddingen bei Egeln, stellvertr. Vorsitzender;
Bürgermeister Brecht in Quedlinburg, Vertreter des Provinzial-Ausschusses;
Prof. Dr. Schum hier, Schriftführer; Archivar Dr. Jacobs in Wernigerode; Prof. Dr. Klopfleisch in Jena;
Prof. Dr. Opel hier, Pfarrer etc.; Dr. th. Otte in Merseburg; Gymn.-Dir. Dr. Schmidt in Halberstadt;
Oberregierungs-Rath Freiherr Dr. v. Tettau in Erfurt; Bau-Inspector a. D. Sommer in Zeitz;
Apotheker Zechlin in Salzwedel.

Geschichtsquellen
der
PROVINZ SACHSEN
und angrenzender Gebiete.

Herausgegeben
in Gemeinschaft mit den geschichtlichen Vereinen der Provinz von der
Historischen Commission der Provinz Sachsen.

Durch Vertrag vom 20. December 1877 ist Druck und Verlag der „Geschichtsquellen der Provinz
Sachsen und angrenzender Gebiete" von der „Historischen Commission" genannter Provinz dem
unterzeichneten anvertraut worden; derselbe wird stets bemüht sein, das ihm geschenkte Vertrauen zu recht-
fertigen und mit allen Kräften der Fortführung des ganzen Werkes, wie der Verbreitung der einzelnen Editionen
Vorschub zu leisten; die Leitung und Ueberwachung des Unternehmens durch erwähnte „Historische Commission"
Gürgt dafür, dass der Fortgang der Ausgaben ein ständigerer und regelmässigerer sein wird als bisher.

Wie bedeutsam und anregend auch das Beispiel des Thüringisch-Sächsischen Geschichts-Vereines war, als
derselbe im Jahre 1870 mit den „Erfurter Denkmälern" die Reihe der „Geschichtsquellen der Provinz Sachsen"
eröffnete, wie beifällig auch die Urkundenbücher der Städte Quedlinburg, Mühlhausen, der Klöster Drübeck, Ilsen-
burg, Stötterlingenburg — letztere vom Harz-Verein für Geschichte und Alterthumskunde veranlasst — aufgenommen
wurden, so war doch das Erscheinen eines jeden neuen Bandes immer wieder denselben Schwierigkeiten und Zufäl-
ligkeiten unterworfen; die mehr oder weniger günstige finanzielle Lage der verschiedenen Vereine führte dahin,
dass für die Geschichte eines beschränkten Theiles der Provinz der Antheil an den Publicationen überreich ausfiel,
während für die Vergangenheit anderer, geschichtlich wichtigerer, sächsischer Territorien die Quellen nur spärlich
flossen oder noch gänzlich uneröffnet blieben.

Wenn eben, wie Herr Professor Dr Dümmler in dem trefflichen Vorworte zum 1. Bande der Geschichtsquellen darlegte, mit Rücksicht auf unabweisliche practische Verhältnisse das einer längeren gemeinsamen Geschichte
entbehrende Gebiet der Provinz Sachsen doch als Einheit für eine landschaftliche Quellenpublication zu Grunde
gelegt zu werden verdiente, so musste mit der Zeit eine engere Verbindung der innerhalb der Provinz thätigen
Geschichts-Vereine und eine einheitliche Organisation ihrer Arbeiten gerade auf jenem Felde erstrebt werden.

Auch nach dieser Seite hin war es die angebahnte Selbstständigkeit und Selbstverwaltung der einzelnen
preussischen Provinzen, die einen erfreulichen, entscheidenden Einfluss übten. Noch im Jahre 1876 berief die neue
Provinzial-Verwaltung die Vertreter der activen historischen Vereine der Provinz und eine Anzahl Fachmänner der
Geschichts-Wissenschaft zu einer „Historischen Commission", der in erster Linie die Leitung der weiteren Herausgabe der Geschichtsquellen und die Aufsicht der aus Provinzial-Mitteln für diesen Zweck bewilligten Zuschüsse
übertragen wurde. Diese Commission wird daher einmal darüber wachen, dass den einst selbstständigen Gebiets-
theilen der Provinz im Verhältniss zu ihrer geschichtlichen Bedeutung eine entsprechende Berücksichtigung bei der
Publication der Quellen zu Theil werde; sie wird ihr Augenmerk ferner darauf richten, dass innerhalb der Veröffentlichungen ein grösseres Gleichgewicht als bisher zwischen dem Antheile der „erzählenden Quellen," der Jahr-
bücher und Chroniken und dem der Urkunden und Acten erzielt werde; sie wird bemüht sein namentlich in den Sammlungen der letzteren trotz Aufnahme aller auf Rechts-, wirthschaftliche und Personalverhältnisse bezüglichen oder
sprachlich wichtigen Materialien das Unbedeutende und zu weit ins Einzelne Gehende auszuschliessen, vornehmlich
nichtssagende phrasenhafte Texte durch gedrungene Regesten ersetzen zu lassen; den Wiederabdruck einzelner
bereits veröffentlichter Stücke wird sie nur gestatten, wenn es die Vollständigkeit der neuen Sammlung oder die
Unzulänglichkeit oder Unzugänglichkeit der älteren Ausgaben erheischt.

Leider haben es die Verhältnisse noch nicht erlaubt, einen systematischen Plan für die zukünftig in Angriff
zu nehmenden Ausgaben zu entwerfen; man ist bisher vielmehr darauf angewiesen gewesen, bereits begonnene Arbeiten weiter führen zu lassen und zufällige Anerbietungen von geeigneten Bearbeitern anzunehmen; so stand es
um die Vollendung des 1. Bandes des im Auftrage des Harz-Vereines begonnenen Urkundenbuches der Stadt
Halberstadt, dem nunmehr noch ein 2. Band gefolgt ist: die vom Thüringisch-Sächsischen Geschichts-Verein
angeregte Ausgabe der überaus werthvollen Chronik des Halle'schen Rathsmeister Spittendorff wird
nunmehr gleichfalls unter den Auspicien der Commission im XI. Bande der Geschichtsquellen erfolgen; die Ur-
kundensammlung des Klosters Berge bei Magdeburg, das wie das Kloster Unser Lieben Frauen
daselbst einen weitgreifenden Einfluss auf geistige und materielle Cultur im ganzen Erzstift übte, konnte bereits
in den ersten Monaten des laufenden Jahres zur Ausgabe gelangen; in Bearbeitung befinden sich überdies die wichtigen Urkundenbücher des Hochstiftes Naumburg und des Klosters Pforta, sowie eine Ausgabe der
studenten-Matrikel der Erfurter Universität; vielleicht wird auch die bereits einmal in Angriff ge-
nommene, aber in Stillstand gerathene Vorbereitung eines Diplomatars des Bisthums Merseburg gelegent-

Ein weiteres Unternehmen der Historischen Commission ist nach zeitraubenden Vorarbeiten nun so weit
gelaufen, dass noch in diesem Jahre mit der Herausgabe desselben begonnen werden wird. Dieses ge-
schichtsreiche, durch Abbildungen reich ausgestattete Werk unter dem Titel:

Vorgeschichtliche Alterthümer der Provinz Sachsen

umfasst zunächst die Resultate der von der Commission unternommenen Ausgrabungen in der Provinz soweit sie
bis jetzt vorliegen und später noch gewonnen werden durften. Diese Ausgrabungen werden von dem ausgezeichneten
Kenner des vaterländischen Alterthums, Herrn Prof. Dr. Klopfleisch in Jena geleitet, der zugleich die Herausgabe der ersten Hefte übernommen hat. Das erste Heft befindet sich unter der Presse.

Halle, im August 1879.

Otto Hendel,
Verlagsbuchhändler und Buchdrucker